AF391226

CHEMIN DE FER MÉTROPOLITAIN

DE

CONSTANTINOPLE

OU

CHEMIN DE FER SOUTERRAIN DE GALATA A PÉRA

DIT

TUNNEL DE CONSTANTINOPLE

PROJET D'UNE NOUVELLE VILLE
ET D'UN NOUVEAU PORT DE COMMERCE A CONSTANTINOPLE

PAR Eugène-Henri GAVAND

Ingénieur civil

PARIS

TYPOGRAPHIE LAHURE, RUE DE FLEURUS, 9

1876

En faisant brièvement l'histoire et la monographie du *Chemin de fer souterrain de Constantinople*, communément appelé *Tunnel de Constantinople*, j'ai l'espoir d'être utile aux ingénieurs qui auront à s'occuper de travaux analogues; et je croirais ce but atteint, si cet ouvrage est utile même à un très-petit nombre.

Quand on s'occupe d'une œuvre déterminée, on est bien aise de trouver des expériences déjà faites, des données déjà résolues qui vous permettent d'améliorer, de perfectionner et de marcher au succès avec l'espoir, la certitude même, de faire mieux que ses devanciers.

Je puis dire, en toute vérité, que ce qui caractérise le *Tunnel de Constantinople*, ce sont moins les difficultés techniques et matérielles vaincues — elles eussent été un jeu en Europe, — que les difficultés inhérentes au pays où le travail a été exécuté. Les obstacles créés par la nature n'ont rien été en comparaison de ceux créés par la diversité des intérêts à satisfaire, par les lenteurs et les formalités d'une administration qui ne connaissait pas de semblables travaux et qui ne croyait même pas qu'ils fussent susceptibles d'être exécutés à Constantinople.

Ceux-là seuls qui ont habité le Bosphore peuvent se faire une idée de ce qu'il a fallu de persévérance, d'efforts pour triompher des obstacles que j'ai trouvés sur ma route. Si je n'avais montré la ténacité que réclamait la situation, le Chemin de fer souterrain de Galata à Péra serait certainement resté à l'état de projet.

Cependant, au milieu de toutes les difficultés qui se sont présentées, j'ai reçu pour m'encourager, de presque tous les hauts fonctionnaires de l'Empire, bien des témoignages précieux d'estime et de bienveillance.

Qu'il me soit permis de citer parmi eux quelques noms et de les remercier ici :

S. Exc. EDHEM-PACHA, qui, Ministre des travaux publics, ou Président de la section des travaux publics au Conseil d'État, n'a cessé de s'intéresser au succès de mon entreprise et de lui accorder sa haute protection ;

S. A. MIDHAT-PACHA, à l'énergie duquel je dois la solution d'une des plus grandes difficultés des expropriations ;

S. Exc. SADIK-PACHA, qui, Ministre des finances, m'a gracieusement accordé de grandes facilités pour l'exécution du Tunnel ;

S. Exc. ACHMET-VEFIK-EFFENDI, à qui je dois en partie l'approbation par le Gouvernement ottoman des Statuts de la Compagnie ;

S. Exc. SERVER-PACHA, qui, Préfet de Constantinople, a contribué à me faire accorder la concession du Chemin de fer ;

Enfin beaucoup d'autres personnes éclairées, telles que L. Exc. ALI-PACHA, KADRI-BEY, etc., etc.

Le Chemin de fer souterrain de Galata à Péra, dont le 'projet a été conçu au mois de mai 1867, a été concédé par le Gouvernement ottoman le 6 novembre 1869 ; les travaux commencés le 30 juin 1871 ont été terminés au mois de décembre 1874. Il a donc fallu sept années et demie pour son exécution (quatre ans pour la préparation et trois ans et demi pour la construction).

Les Ingénieurs et les Employés qui ont le plus contribué à son succès sont :

MM. SULEIMAN-BEY
BRIOT
} Ingénieurs du contrôle de l'État ;

VICTOR TRIDON
JULES JACOBS
} Ingénieurs de la Compagnie ;

PAUL MUGNIER, Ingénieur en chef des travaux ;

MICHEL ENKSERGIAN, Secrétaire de l'entreprise ;

RENARD, Ingénieur, correspondant à Paris ;

PAULIN SICARD, correspondant à Marseille.

Qu'ils reçoivent ici l'expression publique de ma reconnaissance pour le concours intelligent qu'ils ont bien voulu me prêter.

Paris, septembre 1876.

E. GAVAND.

HISTORIQUE

DU

TUNNEL DE CONSTANTINOPLE

I

Origine du projet.

Péra et Galata sont les faubourgs les plus populeux et les plus commerçants de Constantinople.

A Galata se trouvent la douane, la bourse, les bureaux, les magasins, les entrepôts, etc. A Péra, les ambassades, les hôtels, les maisons d'habitation. De telle sorte qu'on peut dire que Galata est le comptoir de Péra, ou encore est pour la rive gauche de la Corne-d'Or ce qu'est la Cité à Londres.

Malgré les relations incessantes qu'un semblable état de choses fait naître entre Péra et Galata, il n'y a cependant entre ces deux faubourgs aucune voie de communication facile.

Les rues sont impraticables au roulage, incommodes au transport, même pour le portefaix, pénibles pour le piéton à cause du peu de largeur, de l'inclinaison (jusqu'à 24 pour 100) et du mauvais entretien général de la voirie. Et cependant des milliers de personnes y circulent continuellement.

La rue la plus fréquentée et la plus directe est la rue Youksek-Kaldirim, qui fait suite à la grande rue de Péra; cette rue, dans laquelle il passe en moyenne 40,000 personnes par jour, est tortueuse, d'une largeur de 6 à 7 mètres [1] : sa déclivité moyenne est 0^m,097 et va jusqu'à 0^m,17 sur plus de 150 mètres.

La circulation n'y est possible qu'à pied ou à cheval, à pied elle est toujours très-pénible et très-fatigante, à cheval elle est coûteuse et dangereuse.

Ce que je viens de dire pour la rue Youksek-Kaldirim doit se répéter pour les rues Medressé, Perchembé-Bazar, Koumbaradji, Yeni-Tcharchi, etc., qui sont d'un accès encore plus difficile [2].

Passant en touriste à Constantinople, au mois de mai 1867, je fus frappé de cet état de choses et des avantages incalculables qui devaient résulter d'une voie de communication facile, rapide et à la portée de toutes les bourses. Pour réaliser ce projet il fallait, étant donnée la différence de niveau qui sépare Galata et Péra, un chemin de fer sur plan incliné, sorte d'ascenseur toujours montant et descendant, pour assurer au voyageur l'économie, la rapidité et la commodité.

Telle a été l'origine du tunnel de Constantinople.

II

Études et obtention de la concession.

Après avoir, ainsi que je l'ai dit plus haut, conçu, au mois de mai 1867, l'idée de relier Galata et Péra, les deux plus riches faubourgs de Constantinople, par un plan incliné, sorte d'ascenseur destiné à faire disparaître la différence de niveau qui les sépare, je revins en France. Là, quelque difficile que mon idée parût à réaliser — il est probable que j'y aurais

1. En 1867, il y avait encore des parties de cette rue qui avaient à peine 4 mètres.

2. Pendant la construction du chemin de fer souterrain de Galata à Péra, on a ouvert une nouvelle rue, un peu plus large (9 mètres environ), mais elle fait un très-grand détour pour arriver à Péra et sa pente est encore de 9 pour 100.

renoncé, si j'avais prévu les obstacles que je devais rencontrer dans la suite, — elle s'empara tellement de mon esprit, que je résolus de me mettre à l'œuvre sans retard et d'y consacrer mon temps et ma fortune.

De grands travaux à exécuter, un chemin de fer d'un nouveau genre à créer et cela dans une ville comme Constantinople, l'antique Byzance, où jusqu'alors les industries de la science moderne avaient à peine pénétré, il n'en fallait pas davantage pour séduire et enthousiasmer un ingénieur.

C'est pourquoi je me hâtai de retourner à Constantinople (décembre 1867), pour solliciter la concession et faire les études du chemin de fer que j'avais conçu.

Mais avant de partir de Paris, pour le succès de mes démarches je crus utile de m'assurer par un contrat le concours de quelques capitalistes, ou du moins de personnes que je supposais capables de fournir soit par elles-mêmes, soit par la création d'une compagnie, les capitaux nécessaires à l'exécution de mes projets[1].

Je remis, au commencement du mois de février 1868, à S. A. Fuad-Pacha, alors grand-vizir, tant en mon nom qu'au nom de mes associés, une demande de concession d'un chemin de fer sur plan incliné avec machines fixes, à établir entre Galata et Péra.

Et, pendant que cette demande passait des bureaux de traduction à ceux du conseil des travaux publics et de la Sublime-Porte, je m'occupai activement des études définitives de mon projet.

Ayant moi-même fait le plan et le nivellement de Galata et de Péra, j'arrêtai le tracé et le profil du plan incliné à construire. La gare de Galata était placée dans la rue Yeni-Djami, le plus près possible du pont de Karakewi; la gare de Péra, dans le cimetière du Téké, en face du couvent des Derviches Tourneurs, et les deux gares étaient reliées par un tunnel en ligne droite. De cette manière, on réalisait les conditions essentielles suivantes : placer le chemin de fer au centre du mouvement; rendre le trajet le plus direct et le plus court possible ; ne couper ou dévier aucune rue, par suite ne gêner en rien la circulation existante; enfin éviter des expropriations longues et coûteuses. Disons tout de suite que ce tracé fut à peine changé dans l'exécution; les modifications insignifiantes qui y furent apportées sont dues aux lenteurs des expropriations.

Les études du chemin de fer projeté furent aussitôt approuvées par le Ministère des travaux publics qui s'en servit pour faire subir quelques changements à la lettre du cahier des charges. Le Conseil d'État, de son côté, frappé des avantages d'un tunnel reliant les deux gares, exigea que le chemin de fer prît le nom de *Chemin de fer souterrain de Galata à Péra*, et le mot *souterrain* fut alors ajouté dans les actes de la concession.

1. La précipitation avec laquelle j'agis en cette circonstance fut funeste, elle me fit perdre une année.

Cependant après des démarches, des séances et des discussions sans nombre, tant au Ministère des travaux publics qu'à la Sublime-Porte, au moment où je croyais toucher au succès, je fus informé officieusement, puis quelques jours après officiellement, le 20 juillet 1868, que la concession du chemin de fer souterrain de Galata à Péra nous était refusée. Le principal motif de ce refus était le contrat que j'avais fait à Paris dans le but d'assurer les capitaux nécessaires à mon entreprise; il ne présentait pas au Gouvernement ottoman une garantie suffisante pour assurer l'exécution du chemin de fer.

Je revins aussitôt à Paris (août 1868) faire annuler ce contrat par le tribunal de commerce de la Seine, puis je retournai à Constantinople (janvier 1869) solliciter de nouveau la concession du chemin de fer souterrain de Galata à Péra.

Une année entière avait été perdue, mais j'avais acquis un peu d'expérience sur les démarches à faire pour obtenir une concession du Gouvernement ottoman et sur la manière de conduire une affaire à Constantinople.

Le 1er février 1869, j'adressai, en mon nom seul, une nouvelle demande de la concession à S. Ex. M. le Ministre des travaux publics; et je recommençai toutes les courses que j'avais faites l'année précédente dans les divers bureaux du Ministère des travaux publics et de la Sublime-Porte.

Pour hâter et assurer le résultat de mes négociations, et pour forcer en quelque sorte le gouvernement à m'accorder ce que je lui demandais, je me rendis utile dans les diverses administrations où j'avais à faire, autant qu'il fut en mon pouvoir, mais toujours gratuitement. Je puis dire que pendant toute l'année 1869 je fus un employé sans appointements de la Sublime-Porte et principalement de la préfecture. C'est ainsi que je fus choisi dans diverses expertises, que je fus nommé membre de la commission du cadastre de Constantinople, de la commission des eaux du sixième cercle, etc., etc. Je consentis même à faire, sur le désir de S. Exc. Server-Effendi, alors Préfet de la ville, aujourd'hui Server-Pacha, Ministre des travaux publics, un projet complet de distribution d'eau, avec des nivellements, des dessins, une carte et un mémoire très-détaillés, pour l'alimentation d'eau de la rive droite du Bosphore et de la rive gauche de la Corne-d'Or[1].

Le Gouvernement ottoman daigna reconnaître mes services en m'accordant, le 6 novembre 1869, après un examen minutieux du projet et du cahier des charges, la concession du chemin de fer souterrain de Galata à Péra.

Si l'on réfléchit à ce qu'il faut ordinairement de temps pour

1. Les 42 planches de dessins qui accompagnaient mon mémoire sur la distribution d'eau de la rive droite du Bosphore et de la rive gauche de la Corne-d'Or à Constantinople furent vendues, après la mort de S. A. Ali-Pacha, avec sa bibliothèque, aux enchères publiques. Si ces lignes tombent sous les yeux du possesseur actuel de ces dessins, je lui serais obligé de me les remettre, contre remboursement des frais faits pour leur acquisition.

obtenir d'un gouvernement la plus petite des concessions de chemin de fer, je puis dire que j'avais réussi dans un délai relativement court, sans cependant employer d'autres moyens que des démarches incessantes et des services gratuits rendus autant et aussi souvent que je le pouvais.

Je dois, à la vérité, ajouter qu'à la Sublime-Porte on ne croyait guère à la possibilité de mon projet ; peut-être, si l'on y eût cru, aurais-je rencontré de l'opposition ou des concurrents qui eussent retardé et rendu plus difficile l'obtention de cette concession.

III

Approbation par le Gouvernement ottoman des statuts de la Compagnie « The metropolitan railway of Constantinople from Galata to Pera (limited). » Constitution de la Compagnie.

La concession obtenue, il fallait assurer les capitaux nécessaires à la construction du chemin de fer; ces capitaux ne pouvaient être trouvés qu'en Europe, par la création d'une Compagnie et une émission de titres.

Malheureusement je ne revins pas immédiatement en France; le Préfet de Constantinople me retint jusqu'au mois de janvier 1870, dans l'espoir que les études de la distribution d'eau qu'il m'avait demandée, seraient approuvées en haut lieu, et qu'il profiterait de mon voyage pour la réalisation de son propre projet.

Sans ce fâcheux retard, il est probable que j'aurais réussi à former une compagnie et assurer la partie financière de mon entreprise, avant la guerre Franco-Allemande. Ces deux mois d'attente à Constantinople me firent donc perdre le temps de la durée de la guerre, et ensuite une année entière employée à solliciter du Gouvernement ottoman l'approbation des statuts de la Compagnie. Soit par suite des événements, soit plus probablement par suite de la mort de S. A. Ali-Pacha, les dispositions de la Sublime-Porte changèrent, et ne furent plus aussi bienveillantes envers les étrangers et surtout envers les personnes qui avaient obtenu des concessions sous l'administration précédente.

Après de nombreuses démarches et négociations, je réussis, au mois de mai 1870, à former à Paris, une association avec deux maisons de banque, qui s'engagaient, par la création d'une société anonyme française, sous le nom de *Chemin de fer métropolitain de Constantinople, de Galata à Péra*, à me procurer, dans les délais prescrits par le cahier des charges, les capitaux nécessaires à la construction et l'exploitation du chemin de fer dont j'apportais la concession.

En vertu de l'article 3 de la convention que j'avais signée avec le Gouvernement ottoman, la création d'une Compagnie se trouvant subordonnée à l'approbation de ses statuts par le Gouvernement, je retournai au mois de juin 1870, à Constantinople, pour solliciter cette approbation.

Mais la guerre qui venait d'éclater, rendant momentanément impossible toute opération financière du genre de celle qui nous occupait, et constituant un cas de force majeure, je commençais par solliciter une prolongation de délai, afin de ne pas laisser périmer la concession.

J'obtins, le 1ᵉʳ novembre 1870, une prolongation de délai de sept mois.

Quant aux statuts, privé par le siége de Paris de toute communication avec mes associés, je n'avais pas pressé leur examen ; mais le siége terminé, les événements n'ayant pas modifié les intentions de mes associés, je reçus avis de Paris de presser l'approbation de nos statuts de société.

Le Ministère du commerce les avait à peu près totalement approuvés, quand je reçus l'ordre de suspendre les démarches que je faisais à cet effet. L'insurrection de Paris, écrivait-on, qui vient d'éclater et dont il est difficile de prévoir la fin, rend toute opération financière impossible en France. A une société anonyme française, nous allons substituer une société anonyme anglaise, et nous ferons à Londres ce que nous ne pouvons plus faire à Paris. — L'insurrection du 18 mars n'a-t-elle pas été pour la France plus désastreuse en fait, et surtout par ses conséquences, que la guerre elle-même ?

Quelques jours après, je recevais les statuts de la Compagnie anglaise *The Metropolitan railway of Constantinople from Galata to Pera* (limited), à soumettre à l'approbation du Gouvernement ottoman, à la place des statuts de la Compagnie française.

Les sociétés anonymes étant régies en Turquie par la loi française, je prévoyais beaucoup de difficultés et de retards à l'approbation des statuts anglais qui m'avaient été envoyés. Nous étions au mois d'avril 1871 et, sous peine de déchéance,

---

1. Les jeunes rapporteurs du Conseil d'État m'avaient surnommé Delhi (le fou). Peut-être n'est-ce pas uniquement parce qu'on croyait mon projet impraticable, est-ce aussi parce que je travaillais gratuitement pour le Gouvernement?

les travaux du chemin de fer devaient être commencés le 1ᵉʳ septembre de la même année.

Devant un délai si court, réellement insuffisant pour obtenir l'approbation que je sollicitais, je résolus de demander au Ministre du commerce une approbation provisoire qui nous permît de former notre société et commencer nos travaux en temps opportun ; les statuts seraient ensuite examinés et approuvés tout à loisir. Les meilleures assurances m'ayant été données par le Ministre du commerce, je me rendis à Londres pour hâter la création de la Compagnie. Mais je ne reçus pas l'approbation provisoire promise, et les lettres et les dépêches que j'envoyai au Ministre du commerce restèrent sans réponse. D'un autre côté, les sollicitors anglais disant que la création d'une Compagnie serait difficile à Londres sur une simple approbation provisoire de ses statuts, je retournai à Constantinople.

Cependant ce voyage n'avait pas été perdu, le contrat passé avec mes associés avait été modifié et une somme importante était mise tout de suite à ma disposition pour commencer les expropriations et les travaux.

Je les commençai effectivement au mois de juin 1871, une année avant, comme on le verra plus loin, la constitution de la Compagnie. Ce commencement d'exécution vint très à propos, car il arrêta les démarches déjà commencées par le Ministère des finances auprès du Ministère des travaux publics pour garder mon cautionnement.

Le 9 septembre 1871, les statuts anglais, que j'avais remis au Gouvernement ottoman le 8 mai 1871, furent approuvés par la Sublime-Porte, après l'examen le plus minutieux de chacun des articles, d'abord au Ministère du commerce, puis au Conseil d'État.

Malheureusement, pendant qu'on s'occupait de les traduire et de remplir les dernières formalités nécessaires pour les signer et obtenir un *iradé*, S. A. Ali-Pacha, grand-vizir, vint à mourir, et des changements radicaux furent opérés à la Sublime-Porte.

Quelques jours après, au mois d'octobre 1871, on m'annonçait que mes statuts étaient rejetés.

Je fus obligé de recommencer toutes les démarches que j'avais faites précédemment, tant au Ministère du commerce qu'au Conseil d'État, absolument comme si rien n'avait été fait.

Pour vaincre ces obstacles imprévus, et le mauvais vouloir apporté contre mon entreprise par la nouvelle administration, je recommençai à employer les moyens qui avaient réussi pour obtenir la concession, c'est-à-dire rendre gratuitement des services au Gouvernement pour forcer sa bienveillance.

C'est ainsi que je fis les études de la première section du chemin de fer d'Ismith à Angora, que je consentis à faire partie de plusieurs commissions et arbitrer pour le Gouvernement sans demander aucune rémunération.

Enfin mes efforts furent couronnés par le succès le plus complet, car j'obtins, au mois d'avril 1872, l'approbation par le Gouvernement ottoman des statuts de la Compagnie anglaise *The Metropolitan railway of Constantinople from Galata to Pera* (limited) *sans aucune modification* [1].

Cette approbation avait été demandée le 10 septembre 1870 pour des statuts français, la demande avait été renouvelée le 8 mai 1871 pour des statuts anglais, et enfin définitivement obtenue pour ces derniers statuts, le 4 avril 1872.

Il y avait donc perte de temps considérable, due en grande partie à la mort d'Ali-Pacha, qui causait une grande perturbation à notre entreprise. Toute perte de temps entraîne une perte d'argent, compromet souvent le succès d'une affaire et quelquefois même la rend impossible. De là, une première réclamation en dommages-intérêts contre le Gouvernement ottoman. Les engagements entre un gouvernement et un concessionnaire sont bi-latéraux, et si le concessionnaire doit remplir certaines obligations sous peine de déchéance, dans un délai déterminé, le Gouvernement doit de son côté remplir dans le même délai les formalités nécessaires pour que l'accomplissement des susdites obligations prises par le concessionnaire puisse avoir lieu dans ledit délai.

Je commençais à m'apercevoir que plus j'avançais et plus les difficultés grandissaient ; on aurait pu croire qu'elles augmentaient en raison directe du progrès que faisait l'entreprise. Pas d'obstacles quand on ne croyait pas à sa possibilité, obstacles incessants à présent qu'on commençait à y croire.

Les statuts de la Compagnie anglaise approuvés par le Gouvernement ottoman, je me rendis immédiatement à Londres pour les faire enregistrer conformément à la loi anglaise.

Cette formalité remplie, une société fut constituée ; je lui cédais ma concession, moyennant 1250 actions entièrement libérées, en restant chargé d'exécuter à forfait toutes les expropriations et tous les travaux, sous le seul contrôle d'un ingénieur que je nommerais d'accord avec la Compagnie. Il m'eût été impossible, dans les conditions où je me trouvais, d'accepter le premier ingénieur qu'il eût plu à la Compagnie de m'envoyer.

Je retournai à Constantinople aussitôt pour continuer activement les expropriations et les travaux commencés.

La Compagnie émit ses actions, à Londres et à Constantinople, le 20 août 1872, trop tôt après les grands emprunts français et ottoman. Le succès ne répondit pas à son attente, mais les capitaux nécessaires à la construction du projet que je poursuivais depuis le mois de mai 1867, c'est-à-dire depuis cinq ans, n'en étaient pas moins dès lors parfaitement assurés.

---

1. Ce succès surprit beaucoup de monde. Je me rappelle à ce sujet qu'un des Ministres me demanda en riant ce que j'avais donné à M. .... du Conseil d'État pour avoir si bien défendu mes intérêts. Je lui répondis que M. .... n'avait besoin de rien pour soutenir un projet utile à son pays. C'était un jeune homme instruit, actif et désirant avant tout le progrès de la Turquie.

IV

Expropriations

Sachant que les immeubles augmentent toujours de prix quand on sait qu'ils doivent être expropriés, je fis acheter, dès le mois de juin 1871, sans bruit et sans en faire connaître le but, tous les terrains que je pus trouver à vendre à l'amiable. J'achetai ainsi, dans des conditions de bon marché que je ne retrouvai plus dans la suite, près d'un tiers des terrains dont j'avais besoin. Quand il ne me fut plus possible de continuer ces achats à l'amiable, je m'adressai au Ministre des travaux publics (27 octobre 1871) pour qu'il fût procédé, selon la loi et le cahier des charges, aux expropriations du chemin de fer souterrain de Galata à Péra.

Cette première demande, faite à une époque où l'administration était mal disposée et mettait toute espèce de difficulté à l'approbation des statuts de la Compagnie, fut refusée, sous prétexe que la concession était périmée. Le ministre des Travaux publics en cédant à la pression de la Sublime-Porte se contredisait, car il avait reconnu quelques jours auparavant, le 27 septembre, que j'étais dans mon droit, puisqu'il m'avait ordonné d'exécuter les travaux suivant un profil que le Conseil des travaux publics venait d'approuver.

Malgré ce refus peu justifié, je continuai, à grands frais, à faire encore quelques expropriations et à poursuivre péniblement les travaux commencés.

Cette situation dura jusqu'au milieu de l'année 1872; mais alors, ne pouvant plus continuer ainsi, et un nouveau refus du Ministère des travaux publics me paraissant impossible, puisque la Sublime-Porte avait enfin approuvé les statuts de ma société et qu'elle ne faisait plus aucune objection à sa création, je m'adressai de nouveau à Son Excellence M. le Ministre des travaux publics (29 juin 1872) pour obtenir l'application de la loi sur les expropriations pour cause d'utilité publique.

Un jury d'expropriation fut alors nommé à la Municipalité, et le Ministère des travaux publics y délégua un commissaire-ingénieur, spécialement chargé de suivre, faciliter et hâter ces expropriations.

Son Excellence M. le Président de la Municipalité me remit en même temps, le 15 juillet 1872, une estimation des immeubles restant à exproprier, estimation faite conformément à l'article 9 du cahier des charges, d'après les plans cadastraux de la Municipalité, et s'élevant à la somme de 648,000 francs, avec le 20 pour 100 du cahier des charges[1].

La première réunion du jury eut lieu le 17 juillet. Dans cette séance et les suivantes, on entendit les propriétaires et on leur offrit les prix de l'estimation municipale. Mais aucun d'eux n'ayant voulu les accepter, le jury décida qu'il n'avait pas l'autorité nécessaire pour contraindre les propriétaires à vendre leurs immeubles, et qu'il devait s'adresser à la Sublime-Porte pour être officiellement reconnu et obtenir les pouvoirs qui lui manquaient, ajoutant que cette formalité remplie, toutes les expropriations seraient bientôt faites.

Je protestai devant ce retard, objectant au jury, ou qu'il était un jury chargé de faire les expropriations ou non; dans le premier cas, il avait le pouvoir de les faire, dans le second cas, il était inutile qu'il se réunît pour appeler les propriétaires, leur faire des offres, les entendre, reculer devant leurs prétentions et enfin se déclarer incompétent et par suite augmenter mes difficultés. Il était naturel de voir les exigences des intéressés grandir avec les lenteurs et les hésitations de l'administration.

Le jury n'en écrivit pas moins à la Sublime-Porte pour obtenir ces pouvoirs. Les ayant reçus le 7 août 1872, il se réunit aussitôt et décida qu'il serait fait, par des experts spéciaux, conformément à la loi et aux usages du pays, une seconde estimation des immeubles à exproprier, la première ne lui paraissant pas suffisante ni assez exacte.

J'adhérai à cette expertise, mais en faisant observer que ce serait un nouveau retard, qu'il y avait urgence de finir le plus tôt possible, et qu'en agissant ainsi on cédait aux propriétaires qui en profiteraient pour grossir le chiffre de leurs réclamations. Le jury me donna alors les assurances les plus formelles qu'aussitôt cette estimation faite, on agirait avec énergie et qu'en déposant l'argent dans une banque, je pourrais immédiatement entrer en jouissance des propriétés dont j'avais besoin.

Le 14 août, les experts délégués firent leur rapport, le signèrent et le cachetèrent, et une copie authentique m'en fut délivrée.

Cette seconde expertise s'élevait à 608,750 fr. et, avec le 20 pour 100 du cahier des charges, à 730,500 fr., soit 82,500 fr. de plus que la première.

Le jury, avant de l'exécuter voulut qu'elle fût reconnue et approuvée par la Sublime-Porte, afin que rien ne s'opposât plus à l'achèvement immédiat de toutes les expropriations.

---

1. L'article 9 du cahier des charges dit qu'il faudra ajouter le 20 pour 100 en plus de l'expertise faite légalement pour tenir compte de la dépréciation de la propriété depuis quelques années, des dommages resultant, pour les propriétaires, de l'obligation forcée où ils sont de vendre, et de tous les frais ou indemnités qu'ils peuvent réclamer pour le déplacement de leurs affaires, de leur commerce ou industrie.

Je protestai bien contre ce nouveau retard, mais je dus m'y soumettre, espérant que toutes ces formalités remplies et toutes ces approbations données en haut lieu rendraient impossible toute opposition des propriétaires.

Cette approbation fut demandée le 15 août, et, malgré les démarches multipliées que je fis dans les bureaux du Conseil d'État, auprès même de S. A. Monseigneur le Grand-Vizir, les menaces en réclamation d'indemnités pour des pertes de temps aussi préjudiciables aux intérêts de mon entreprise, la réponse affirmative de la Sublime-Porte ne parvint que deux mois après à la Municipalité.

Le jury possédant l'approbation de son expertise par la Sublime-Porte, et un teskéré viziriel ordonnant son exécution sans retard, j'eus alors les assurances les plus formelles que, rien ne lui manquant pour faire les expropriations, il allait y procéder énergiquement. Effectivement il se réunit le 19 octobre, fit appeler les propriétaires, leur fit connaître l'expertise et les décisions du Gouvernement et leur ordonna de quitter leur domicile dans un délai de huit jours.

Dans les séances suivantes, 23, 26, 28 et 30 octobre, le jury se montra moins énergique, mais il continua cependant à essayer de persuader les propriétaires qui refusaient et arrivaient avec de nouvelles prétentions. Il ordonna de nouveau aux locataires de partir, mais ils refusèrent aussi, et même ceux qui avaient été contraints de partir quelques jours avant rentrèrent dans leur domicile.

Deux seules expropriations, les moins importantes, purent être faites. Devant ces hésitations et ces lenteurs, je versai, le 12 novembre, à la Banque Impériale ottomane le solde du montant de la dernière expertise qui s'élevait, moins les deux expropriations faites, à 487,600 fr. soit avec le 20 pour 100, à 585,120 fr. Le 15, je remis les titres de ce dépôt à S. Ex. Monsieur le Président de la Municipalité, lui demandant un reçu, lui exposant les préjudices que me causaient ces retards et lui déclarant qu'ayant satisfait à tout ce qu'on m'avait demandé et à tout ce qu'on pouvait exiger de moi, je rendais l'administration responsable des dommages-intérêts qui lui seraient certainement réclamés.

Le jury voyant d'un côté les prétentions des propriétaires, d'un autre côté ses déclarations vaines et ses ordres méprisés, finit par se déclarer impuissant, disant qu'ayant fait tout ce qu'il pouvait et devait faire, il s'en remettait à l'autorité municipale pour l'exécution de ses délibérations et de ses décisions.

Je ne cessais cependant de répéter au jury ce que je lui avais dit dès qu'il avait commencé à hésiter et qu'il s'était adressé à la Sublime-Porte, ou vous êtes un jury d'expropriations ou non ; dans le premier cas, vous pouvez et devez faire mes expropriations ; dans le second cas, il est inutile que vous vous réunissiez pour me créer de nouvelles difficultés.

A partir de ce moment le jury cessa ses séances, et la Municipalité ne fit rien.

Au contraire, plusieurs de ses membres se joignirent aux propriétaires pour empêcher le Président de la Municipalité d'agir, et déclarèrent que les deux premières expertises étant trop faibles, il fallait en faire une troisième.

Devant cette situation je protestai énergiquement et réclamai de nouveau un reçu des titres du dépôt de 585,120 fr. que j'avais remis à la Municipalité, reçu qui ne m'avait pas été donné. On me répondit en me renvoyant mes titres et en disant qu'on avait demandé des instructions à la Sublime-Porte. Je refusai de recevoir ces titres parce qu'ils constataient que j'avais fait tout ce qu'on m'avait demandé et rempli scrupuleusement tous mes engagements ; la Municipalié les reprit, mais sans vouloir en donner un reçu.

En même temps que je protestais auprès de la Municipalité, j'adressais à S. A. Monseigneur le Grand-Vizir un résumé de tous ces faits, lui énumérant les indemnités et les dommages-intérêts que j'allais être obligé de réclamer de la Sublime-Porte pour les pertes résultant de la plus grande responsabilité, de la plus-value donnée aux travaux par la méthode irrégulière, dispendieuse et dangereuse employée à leur exécution, des intérêts à payer pour les sommes déposées, dépensées et à dépenser, des pertes de l'exploitation par la durée exagérée des travaux, enfin du discrédit jeté sur l'entreprise et la Compagnie.

Cependant je continuais à faire des démarches pressantes et actives à la Municipalité, à la Préfecture, à la Sublime-Porte et au Ministère des travaux publics. Partout je recevais de belles promesses : on disait que j'avais raison, mais je n'obtenais rien.

En même temps que j'essayais de vaincre ces difficultés et le mauvais vouloir de l'administration, je faisais tous mes efforts pour arriver à traiter à l'amiable avec les propriétaires, mais cela était devenu tout à fait impossible, tant à cause des hésitations précédentes du jury qu'à cause du concours secret qu'ils recevaient de certains membres même de la Municipalité.

Le 26 décembre, appelé au Conseil d'État, on m'annonça tout d'un coup qu'une nouvelle expertise serait faite : 1° parce que les deux premières n'avaient pas été faites d'après la loi ; 2° parce qu'un ou deux propriétaires avaient réclamé directement au Conseil d'État.

Je demandai alors comment il se pouvait que toutes les démarches faites par le Ministère des travaux publics, la Préfecture de Constantinople, la Municipalité, toute cette correspondance du jury à la Sublime-Porte, ces demandes de pouvoirs aient été faites illégalement ? Comment il se pouvait que la Municipalité et la Préfecture habituées à faire des expropriations aient pu agir pour moi contrairement aux lois [1] ; et si cela était, comment je pouvais être responsable de ces irrégularités ? Sur la

---

1. Les expropriations faites pour la Municipalité ou la Préfecture se font beaucoup plus rapidement ; les prix sont loin d'atteindre ceux que l'on m'a fait payer et les immeubles sont souvent mis en la possession de la Municipalité ou de la Ville avant qu'ils soient intégralement payés. Le propriétaire exproprié court quelquefois longtemps après son argent.

seconde objection, je déclarai que les propriétaires avaient le droit de réclamer, que le Conseil d'État pouvait réviser les expropriations attaquées, mais n'avait pas le droit de refaire lui-même une nouvelle expertise. Que les exigences des propriétaires ne sauraient mettre un obstacle aux expropriations ; qu'une fois l'expertise faite, l'argent déposé, l'Administration devait me livrer les terrains, sauf à payer plus tard une plus-value, s'il y avait lieu, ce qui n'était pas probable, parce que les estimations des propriétés encore à exproprier étaient beaucoup plus élevées que celles que j'avais faites à l'amiable, et que mon cahier des charges stipulait expressément que les immeubles à exproprier seraient payés d'après leur *valeur vraie* six mois avant la signature du firman. Je déclarai ensuite que je ne pouvais accepter une nouvelle expertise parce qu'y consentir serait accepter la responsabilité de tous les retards déjà survenus, reconnaître que je n'étais pas dans mon droit et enfin qu'il n'y avait pas de raison pour qu'on ne fît pas une quatrième expertise. On pouvait me faire payer la troisième expertise que le Conseil d'État paraissait décidé à faire, mais je protesterais sur ces pertes de temps, ces irrégularités et enfin sur l'excédant que comporterait infailliblement cette troisième expertise [1].

Cette troisième expertise, malgré mon opposition, fut décidée et un des membres du Conseil d'État délégué pour la présider.

Toutefois, avant de la commencer, il me fut proposé verbalement, le 16 janvier 1873, de me livrer immédiatement les terrains, si je voulais déposer encore le 50 pour 100 en plus de la dernière expertise.

Je refusai, parce que cette proposition était contraire au cahier des charges et que si je l'avais acceptée je reconnaissais par ce fait que l'expertise était trop faible ou faite contrairement à la loi.

Le 5 avril seulement, près de trois mois après, on me fit connaître verbalement le résultat de l'expertise du Conseil d'État, et ce ne fut qu'au commencement du mois suivant qu'il m'en fut donné une copie officielle.

Elle s'élevait avec le 20 pour 100 du cahier des charges à 914,420 francs ; c'est-à-dire, en tenant compte des expropriations faites, de la valeur de deux immeubles que le Conseil d'État avait supprimés et de celle de deux autres qu'il avait ajoutés [2], à 329,300 *francs de plus que la deuxième expertise !*

Je protestai contre cette expertise qui contenait les assertions les plus inexactes et des exagérations notoires, et je refusai de l'accepter.

Le Conseil d'État voyant qu'il ne pourrait vaincre ma résis-

tance, et comprenant aussi que je pouvais bien avoir raison, revint à sa proposition du mois de janvier et me promit de me délivrer les immeubles immédiatement si je consentais à déposer à la Banque Impériale Ottomane le 50 pour 100 en plus de l'expertise du 14 août 1872.

Considérant, de mon côté, combien mes travaux souffraient de ces retards, que je ne vaincrais pas l'obstination du Conseil d'État, qui s'était trop engagé, enfin ayant calculé que l'expertise du 14 août, déduction des expropriations faites, ne s'élevait plus qu'à 480,400 francs, et, avec le 50 p. 100 demandé, à 720,600 francs, somme par conséquent très-inférieure au montant de l'expertise du Conseil d'État (environ 200,000 francs), je consentis au dépôt exigé, mais en faisant expressément toutes mes réserves sur les réclamations que je pouvais adresser au Gouvernement sur un arrangement si contraire au cahier des charges, et en exigeant qu'il y eût un échange de lettres pour établir : 1° que c'était bien le dépôt de l'expertise du 14 août 1872, avec le 50 p. 100 en plus, qui était demandé pour me livrer les terrains immédiatement ; 2° que l'Administration, ce dépôt fait, prenait l'engagement de ne plus rien demander.

Cet échange de lettres ayant eu lieu, j'effectuai le dépôt exigé. De son côté, la Municipalité fit partir (20 juin 1873) tous les locataires en quelques jours [1], à l'exception de deux, auxquels il fut accordé un peu plus de temps pour effectuer leur déménagement, qui consistait en étoffes ou marchandises précieuses.

Je croyais cette fois les expropriations bien terminées ; je jouissais des immeubles ; j'avais repris mes travaux avec ardeur, et je voyais déjà, dans un avenir peu éloigné, mon chemin de fer mis en exploitation. Mais un mois après à peine, le 16 juillet 1873, j'étais informé que le Conseil d'État exigeait le dépôt intégral du montant de son expertise, c'est-à-dire la somme de 914,420 francs. Il disait s'être trompé, parce qu'il avait cru que le 50 p. 100 de la seconde expertise atteignait, avec le montant de cette expertise, le chiffre de la sienne. Je refusai, en citant textuellement les lettres que nous avions échangées, et qui constataient que j'avais fait tout ce qui m'avait été demandé, et l'engagement pris par l'Administration de ne plus rien demander. Toutes les démarches que je fis, toutes les raisons que je donnai, toutes les prières et même les menaces que j'adressai, rien ne fit changer la résolution du Conseil d'État. Il était poussé par les propriétaires, par quelques membres de la Municipalité, et peut-être par la position un peu blessante qu'avait pris le représentant de la Compagnie [2].

---

1. Dans cette séance un des membres du Conseil d'État me dit que mon but était de dépouiller les propriétaires. Cette parole prouve combien le Conseil d'État était devenu peu favorable à mon projet et qu'il faisait cause commune contre moi avec les propriétaires et la Municipalité.

2. Ce qu'il y avait de plus extraordinaire, c'est qu'on avait mis textuellement en observation : « *Ces deux immeubles ont été ajoutés sur la demande de M. Gavand.* » C'était tout à fait inexact : j'ai su depuis qu'un de ces immeubles qui n'était qu'une mauvaise baraque en bois appartenait à un des membres du nouveau jury nommé par le Conseil d'État. Le prix d'estimation en était réellement fabuleux, plus de 3500 francs le mètre carré !

1. Il s'est passé alors un épisode assez curieux. Il est d'usage à Constantinople de ne pas entrer dans les maisons où il y a des dames turques. Un des propriétaires, pour empêcher l'évacuation de sa maison, qui était cependant la veille occupée par des locataires chrétiens, imagina d'y faire venir un certain nombre de dames turques. Les agents de la Municipalité chargés de me livrer les immeubles n'osèrent effectivement pas y entrer ou ne voulurent pas employer la violence, et, pour arriver à remplir leur mission, ils empêchèrent, comme dans un siège, les vivres de pénétrer. Les dames turques ne tardèrent pas à capituler et à s'en aller d'elles-mêmes.

2. Vers le milieu du mois d'avril 1873, la Compagnie avait envoyé à Constantinople un représentant pour faciliter nos expropriations et poursuivre nos

Le 15 septembre 1873, je recevais l'ordre péremptoire d'effectuer un nouveau dépôt suffisant pour couvrir l'expertise du Conseil d'État, sous peine, si je ne le faisais pas dans un délai de huit jours, de voir mes travaux arrêtés par l'autorité. Je protestai de nouveau, en prévenant l'Administration que, si elle arrêtait mes travaux, je lui réclamerais une indemnité considérable.

Cette protestation fut inutile, et la perspective peu agréable d'une réclamation en indemnité ne retint pas le Conseil d'État. Huit jours après, le 23 septembre, à quatre heures et demie, à l'expiration du délai fatal — c'étaient les termes de l'arrêté du Conseil d'État, — les travaux furent suspendus sur tous les terrains non expropriés pour lesquels le Conseil d'État avait exigé un nouveau dépôt, et des agents de ville furent placés à demeure, jour et nuit, pour m'empêcher de reprendre mes travaux.

Disons tout de suite que cette suspension n'a jamais été levée, et cependant les expropriations sont terminées et le chemin de fer est en exploitation depuis vingt mois.

Pendant que j'avais ces difficultés avec l'Administration, que je rencontrais tant d'opposition et de mauvais vouloir au Conseil d'État, je cherchais toujours à terminer à l'amiable quelques expropriations. Pour y arriver, je démontrai aux propriétaires que je n'accepterais jamais les prix du Conseil d'État, qui étaient évidemment exagérés, et que j'étais bien résolu à ne payer que l'expertise du 14 août 1872, approuvée par la Sublime-Porte et un teskéré viziriel.

Je réussis ainsi peu à peu à faire toutes les expropriations, sauf une seule ; et toutes, à l'exception d'une qui atteignit le prix du Conseil d'État, furent achetées à des prix inférieurs à ceux de son expertise.

Comme ce résultat était malheureux pour l'Administration et qu'il justifiait trop nettement nos réclamations en indemnité, la Municipalité essaya de me refuser les papiers et les autorisations nécessaires pour faire le transfert et l'achat de la première expropriation que je fis ainsi, afin de me forcer à payer le prix exigé par le Conseil d'État. Elle aurait voulu empêcher les propriétaires de vendre, et moi d'acheter ; priver les propriétaires et moi du droit qui appartient à chacun de disposer de son bien et de son argent. Il faut, pour croire à une opposition semblable, lire les lettres que j'ai écrites à la Municipalité et au Consulat de France, le 4 août 1873. Heureusement qu'une semblable prétention ne pouvait se soutenir, et la Municipalité fut obligée de céder.

Quand il y eut une première expropriation ainsi faite, les autres se succédèrent peu à peu, et j'arrivai à les terminer à un prix très-peu supérieur à l'expertise du 14 août 1872, aug-

mentée de 50 pour 100, mais à un prix très-inférieur à celui que le Conseil d'État avait fixé, *plus de 145 000 francs!*

Parmi les terrains dont j'avais besoin pour l'emplacement de la gare de Péra, il en était un qui n'avait pas été porté sur la liste générale des expropriations, et dont je poursuivais l'acquisition ou la jouissance d'une façon toute spéciale à cause de son importance. C'était une portion du cimetière du Téké, nécessaire à la gare de Péra.

Le respect qui existe dans tous pays civilisés pour les morts, et particulièrement chez les Turcs, la position de ce cimetière près du couvent des Derviches Tourneurs, au milieu de la ville, rendaient cette expropriation si difficile, que beaucoup de personnes étaient convaincues que je n'arriverais jamais à la faire. Aussi, si la configuration du sol m'avait permis de placer ailleurs la gare de Péra, j'y aurais certainement renoncé.

Je m'aperçus bien vite que la grande difficulté à vaincre résidait surtout dans la diversité des intérêts à satisfaire. La Municipalité de Péra, qui s'était déjà emparée de beaucoup de cimetières, soit pour l'élargissement des rues de la ville, soit pour augmenter ses revenus, tout à fait insuffisants, aurait désiré ce cimetière, ou mieux aurait désiré l'argent que je destinais à son expropriation. Le cheik du Téké, qui administrait et prenait soin de ce cimetière et de tous ceux qui entouraient le couvent du Téké, le revendiquait comme sa propriété ou celle de son couvent ; enfin, l'Efkaf, sorte de ministère du domaine, prétendait, non sans raison, qu'il lui appartenait.

Ne pouvant arriver à concilier tous ces intérêts sans des dépenses considérables, il aurait fallu payer à chacun d'eux une somme égale, ou à peu près égale à la valeur du terrain. Je suivis le conseil de l'honorable Suleiman-Bey, Commissaire Impérial du Tunnel, et je m'adressai directement à S. A. Midhat-Pacha. Après lui avoir expliqué la situation, demandé ses conseils, je lui proposai de remettre directement au Gouvernement l'argent destiné à l'achat de ce cimetière, et de consacrer cet argent à des œuvres pies. S. A. Midhat-Pacha approuva cette idée, comme celle qui devait soulever le moins d'opposition, et faire taire toutes les réclamations des intéressés ; et avec l'énergie et la promptitude qui le caractérise, il me faisait, moins d'un mois après, vers la fin de septembre 1873, contre une somme de 207,000 francs, entrer en jouissance de la partie du cimetière dont j'avais besoin. Ces 207,000 francs furent envoyés, partie à l'École des Arts et Métiers, fondée par S. A. Midhat-Pacha, partie à un hôpital de femmes à Stamboul. C'est ainsi que fut faite cette expropriation qui paraissait si difficile ; ce fut la plus heureuse, la plus facile et la moins coûteuse.

Au mois de juillet 1874, toutes les expropriations étaient terminées à l'exception d'une qui couvrait une petite partie de la gare de Galata.

réclamations auprès du Gouvernement. Il était sans doute animé de la meilleure volonté, mais il ne sut pas prendre l'Administration, il fut trop cassant et trop raide dans ses lettres et ses rapports avec l'Administration ottomane qui est d'une politesse réellement exquise. Aussi fut-il loin de m'aider et de contribuer à aplanir nos difficultés !

Désespérant d'arriver à un arrangement avec les propriétaires, je me décidai à payer ce que le Conseil d'État avait demandé.

Ayant fait une démarche à ce sujet au Conseil d'État, je fus fort surpris d'apprendre que le Conseil d'État exigeait nonseulement le prix qu'il avait fixé, mais encore quelques milliers de francs de plus, sous prétexte que les propriétaires avaient perdu beaucoup, étaient malheureux, etc. Je refusai d'autant plus énergiquement que je venais, pour me concilier les bonnes grâces du Conseil d'État, d'accepter gratuitement le rôle d'arbitre ou d'expert dans une affaire litigieuse que le Gouvernement avait avec un de ses entrepreneurs.

Secrètement, quelques membres de la Municipalité et du Conseil d'État, voyant mon désir de terminer et croyant que je ne pourrais me passer de cette maison, excitaient et encourageaient les propriétaires à tenir bon ; on aurait voulu me la faire payer encore plus cher que le prix fixé par la troisième expertise, afin de justifier en partie cette expertise, fortement attaquée par toutes les expropriations que je venais de faire.

Je résolus alors de me passer momentanément de cette maison, et comme elle gênait l'exploitation qui allait commencer, qu'elle pouvait occasionner de grands malheurs par le danger qu'elle faisait courir aux personnes qui étaient dans la gare (les travaux que j'avais fait sur un côté ayant complétement déchaussé ses fondations), je me décidai à la jeter par terre secrètement [1].

C'était assez difficile, parce qu'elle était gardée nuit et jour par les propriétaires et les agents de ville chargés de m'empêcher de travailler sur son emplacement.

Le moyen que je pris pour faire tomber la partie de cette maison qui me gênait, est assez curieux pour mériter d'être rapporté.

Nous étions à la fin de novembre 1874, et mes machines étaient installées depuis plus d'un mois. Je fis poser à Galata au milieu d'une des voies du chemin de fer, une poulie de renvoi sur laquelle je fis passer une corde. Un des bouts de cette corde, qui était suffisamment résistante, fut attaché au câble en fil de fer qui devait remorquer les trains en s'enroulant sur les bobines de la machine, et l'autre bout devait être attaché à une poutre qu'un charpentier dévoué et intelligent était allé placer en travers et derrière un des pans de mur de la maison que je voulais abattre.

Depuis que la Municipalité en avait fait partir les locataires (au mois de juin 1873) la maison était inhabitée.

La nuit venue, la corde fut attachée à la poutre, puis je fis marcher mes machines très-lentement pour éviter un choc qui aurait cassé la corde. Le résultat fut merveilleux, le mur atta-

qué tomba tout d'une pièce avec un grand bruit et en faisant tant de poussière qu'elle remonta par suite de la pression de l'air, par le tunnel, jusque dans la gare de Péra. Les agents de ville et les propriétaires accoururent immédiatement sur les lieux ; ils constatèrent qu'une partie de la maison venait de s'abattre, mais ils ne trouvèrent personne sur les lieux, et les agents de ville qui stationnaient continuellement dans la rue et près de la maison, dirent qu'ils n'avaient vu personne.

Le lendemain il y eut quelques pourparlers insignifiants à la Municipalité, mais comme on ne pouvait se douter que de Péra j'avais jeté à terre une maison située à plus de 650 mètres de là, à Galata, on crut à une chute naturelle d'autant plus probable que j'avais prévenu la Municipalité, quelques jours auparavant, du danger que présentait cette maison pour mes ouvriers.

J'abattis de la sorte quelques jours après encore quelques parties qui me gênaient, et j'eus enfin la satisfaction de voir que si cette maison empêchait encore l'achèvement de la gare, elle n'empêchait nullement l'exploitation de commencer, ce qui était l'essentiel.

Cette expropriation fut enfin terminée au mois de juin 1875, cinq mois après la mise en exploitation du chemin de fer [1], avec une économie de 1540 francs sur le prix fixé par l'expertise du Conseil d'État.

Comme on a pu le voir par le récit abrégé de l'histoire des expropriations du chemin de fer de Galata à Péra, expropriations commencées au mois de juin 1871 et terminées seulement, quatre ans après, au mois de juin 1875, l'Administration ottomane avait mis à leur exécution toute espèce de difficultés, et cependant, jamais, je puis le dire, aucune expropriation n'avait été payée à Constantinople, ni aussi cher, ni aussi ponctuellement. Il en est naturellement résulté contre le Gouvernement une demande en dommages-intérêts, l'entreprise ne pouvant pas être responsable des pertes de temps et d'argent occasionnées par l'Administration ottomane qui n'avait pas su ou voulu remplir les engagements bi-latéraux du cahier des charges et plus tard ceux du mois de juin 1873. On verra au chapitre suivant combien ces difficultés, qui avaient déjà augmenté notablement le prix des expropriations, furent préjudiciables aux travaux et en accrurent le prix de revient.

Les expropriations du chemin de fer souterrain de Galata à Péra comprirent une surface de 4002 mètres carrés, dont le prix moyen fut de 477 fr. le mètre : 1727 mètres à Galata, au prix moyen de 708 francs, et 2277 mètres à Péra, au prix moyen de 294 francs environ.

Le prix le plus bas a été celui du cimetière du Téké, à Péra, payé à raison de 201 francs le mètre ; le prix le plus élevé a

---

1. Il ne faut pas oublier que j'avais déposé à la Banque ottomane le prix de cette maison, fixé par l'expertise du 14 août 1872, depuis le mois de novembre 1872, que j'avais fait un nouveau dépôt sur l'ordre du Conseil d'État au mois de juin 1873, et par suite que je pouvais m'en regarder comme le propriétaire, bien que la jouissance m'en fût refusée par l'autorité.

1. Cette expropriation a coûté 1062 francs le mètre carré ; le propriétaire a racheté dix mois après la partie de sa maison non abattue et non occupée par la gare de Galata à raison de 605 francs le mètre carré seulement, malgré le voisinage de la gare qui en augmentait la valeur ; de toutes les estimations faites par le Conseil d'État, c'était la seule qui ne fût pas ridiculement exagérée.

été à Galata, dans la rue Yeni-Djami, où il a atteint 2700 fr. le mètre. — Le Conseil d'État avait estimé 3500 francs le mètre deux petits magasins de la même rue; ils n'ont pas été achetés, l'expropriation n'en avait pas été demandée.

La surface expropriée à l'amiable a été de 2930 mètres carrés, et a coûté en moyenne 380 francs le mètre;

La surface expropriée sous l'influence du Conseil d'État a été de 1072 mètres carrés, et a coûté en moyenne 740 francs le mètre.

Les expropriations sont revenues au prix total de 1 984 372 fr. 50 cent. :

Expropriations proprement dites. {Galata, 1 239 420 fr. » c. / Péra, 670 345 25} 1 909 765 fr. 25 c.

Indemnités pour occupation temporaire de terrain, puits, etc. 74 607 25

Total. 1 984 372 fr. 50 c.

Il faut toutefois déduire de ce chiffre la valeur (au moins un million) de 2600 mètres carrés de terrains qui sont à revendre.

V

Travaux.

Une lettre ministérielle du 1er novembre 1870 ordonnait, sous peine de déchéance, de commencer les travaux du chemin de fer souterrain de Galata à Péra, avant le 1er septembre 1871 [1].

Cependant, à cette date, le Gouvernement n'avait pas approuvé les statuts de la Compagnie et ne paraissait pas disposé à les approuver à bref délai; il était donc lui-même responsable d'un retard bien capable de justifier celui des travaux.

D'un autre côté, les expropriations étaient commencées depuis deux mois, et elles pouvaient être considérées avec raison comme un commencement effectif de travail, puisque l'achat d'une seule maison entraîne une dépense beaucoup plus forte que quelques terrassements.

Malgré ces motifs qui auraient pu justifier la remise du commencement des travaux, et me permettre d'attendre que j'eusse trouvé un chantier convenable et avantageux, je voulus exécuter la lettre même du cahier des charges afin de ne pas donner lieu au moindre prétexte de réclamation. Je fis bien, car quelques jours après, le Ministre des finances, croyant que j'avais manqué à mes engagements, écrivait au Ministre des travaux publics pour être autorisé à garder mon cautionnement.

Ne pouvant attaquer le tunnel par les têtes, et n'ayant, sur tout son parcours, rien trouvé à louer qu'une petite cour de 30 mètres carrés qui avait accès sur la rue Kutchuk Hendek par une espèce d'impasse de 1m,20 de largeur seulement; ce fut là que, quelques jours avant le 1er septembre 1871, je donnai le premier coup de pioche en creusant un premier puits de service.

Ce puits était situé à 353 mètres de l'origine du tunnel, prise à Galata; et malgré les difficultés de son service, malgré son installation provisoire — il n'était fait que pour satisfaire aux conditions de délai du cahier des charges — l'embouchure du tunnel à Péra n'ayant été livrée que beaucoup plus tard et celle de Galata quelques jours seulement avant le complet achèvement du tunnel, il fut utilisé presque jusqu'à la fin des travaux, et servit à faire près de 200 mètres de petite galerie et 50 mètres de grande section, maçonneries comprises.

Le principal chantier intermédiaire devait être un puits creusé à peu de distance de la tour de Galata, sur la place Koulé, qui présentait, par les rues moins inclinées qui y aboutissent, une assez grande commodité pour le transport des déblais.

Dès le 21 août 1871 j'avais demandé à la Municipalité l'autorisation de creuser ce puits, dans un endroit de cette place couvert de ruines et de débris de toutes sortes. Cette autorisation qui eût dû m'être accordée en vingt-quatre heures, puisque je ne gênais pas la circulation, ne le fut que quatre mois plus tard après avoir payé un loyer de 690 fr.

Ce second puits, creusé au mois de décembre 1871, était situé à 293 mètres de l'origine du tunnel. Il rendit, comme le précédent, puisque je ne pouvais travailler par les têtes, des services précieux, et servit à percer, grâce à un treuil d'extraction mu par une machine à vapeur, 140 mètres de petite galerie et à faire plus de 165 mètres de grande section, maçonneries comprises.

Jusqu'au milieu de l'année 1872, ces deux puits furent les seuls points où il me fut possible de travailler.

Malgré les démarches les plus actives, l'Administration ne faisant pas les expropriations qui m'eussent permis d'attaquer le tunnel par les têtes, je résolus d'installer un troisième chantier intermédiaire. A cet effet, j'achetai, au mois d'août 1872, une petite maison dans la rue Camondo, et j'y creusai un troisième puits, à 105 mètres de l'origine, avec lequel je pus faire, malgré les difficultés du service et des transports, 120 mètres de petite galerie et de grande section, maçonneries comprises.

---

1. Plus tard, une lettre du 24 juin 1872 rectifia cette date, ainsi que le délai d'exécution et la durée de la concession. Le commencement des travaux fut reporté au 2 mai 1872, leur achèvement fixé au 2 janvier 1875, et la fin de la concession au 2 janvier 1917.

Le 4 novembre 1872, j'attaquai le tunnel par l'embouchure de Péra. Les premiers mètres furent assez coûteux, parce qu'il y avait immédiatement au-dessus de la tête du tunnel une maison que le propriétaire voulut garder; il fallut, sans la démolir, en faire reposer les fondations sur la voûte du tunnel. Cette difficulté vaincue, le travail se poursuivit assez régulièrement. On devait bien avancer en descendant sur des pentes de 13 et 14 p. 0/0, ce qui était dispendieux pour les épuisements, le transport des déblais et des matériaux, et nécessitait plus de précaution et de vigilance dans la construction; mais on pouvait cependant travailler méthodiquement et plus économiquement que par des puits.

Je fis par cette embouchure 30 mètres de petite galerie, 165 mètres de grande section et 350 mètres de pieds-droits, maçonneries comprises.

Le 26 novembre 1872, je commençai aussi le tunnel à Galata, sous une maison que je venais d'acheter, rue Sevond, à 9 mètres de l'origine. Malheureusement quand le tunnel fut terminé sur la profondeur de cette maison — 7 mètres seulement, — je fus obligé de suspendre, arrêté par les expropriations inférieures et supérieures qui n'étaient pas faites.

Enfin, au mois de juin 1873, après deux ans d'attente et de démarches, un arrangement pour les expropriations ayant été conclu avec le Gouvernement, je pus attaquer sérieusement mes travaux à Galata. Je croyais cette fois n'avoir plus qu'à travailler activement, n'être plus entravé, ni arrêté et je voyais déjà le chemin de fer terminé et mis en exploitation dans un avenir peu éloigné.

Cependant l'honorable Commissaire impérial du tunnel me disait : « Vous êtes aujourd'hui en possession des immeubles, croyez-moi, je connais mon pays, démolissez, démolissez et finissez vite avant que de nouvelles intrigues ne viennent encore vous entraver. » Je lui répondais qu'il me paraissait impossible d'être arrêté de nouveau, puisque j'avais fait et donné tout ce que l'Administration m'avait demandé, que j'avais un engagement de celle-ci, etc. Je voulais bien travailler aussi vite que possible, mais je voulais aussi procéder avec méthode, éviter les fausses manœuvres et faire économiquement afin de ne pas augmenter encore les pertes déjà si considérables.

Le Commissaire impérial avait raison : deux mois et demi après, le 23 septembre 1873, mes travaux furent de nouveau suspendus à Galata par ordre du Conseil d'État. Dans ce peu de temps j'avais presque déblayé complétement l'emplacement de la gare de Galata et fait 20 mètres de tunnel.

Les travaux ne furent repris qu'une année après, sans que cette suspension, mise officiellement avec tant d'éclat par l'autorité, ait été levée. — On a vu au chapitre précédent pour quel motif elle fut décrétée, et comment je terminai à l'amiable les expropriations du chemin de fer, pour ainsi dire malgré l'Administration, à un prix très-inférieur à celui qu'elle avait fixé dans sa troisième estimation.

Un mois avant cette suspension j'avais fait creuser un quatrième puits, dans une maison de la rue Billour, afin de hâter le percement du tunnel et atténuer les retards apportés par l'impossibilité où j'avais été jusqu'alors de travailler à Galata. Il me servit à faire les 45 derniers mètres de petite galerie et à percer le tunnel de part en part le 3 septembre 1873. Sans ce puits, j'aurais attendu ce percement et continué les épuisements longtemps encore [1]. Malheureusement les avantages qu'il me procura furent un peu contrebalancés par les fissures qu'il détermina dans la maison du n° 7 de la même rue, que je fus obligé d'acheter plus tard pour ne pas payer une indemnité trop forte. Creusé à 1 mètre seulement de cette maison, il avait désagrégé les schistes du pied de la colline déjà fort tourmentée en ce point par d'anciens travaux. Il est certain que je n'aurais jamais pensé à faire ce puits, si j'avais pu travailler par l'embouchure inférieure du tunnel, puisqu'il n'en était situé qu'à 40 mètres à peine.

Au mois de juillet 1874, je pus enfin, les expropriations achevées, reprendre les travaux à Galata, et un mois après le tunnel était terminé.

En résumé, voici un tunnel en rampe moyenne de 10 pour cent, qui devait naturellement être attaqué par la tête aval, pour faciliter la construction et le transport des déblais et des matériaux et éviter les épuisements, et qui, sauf 55 mètres seulement, a été fait entièrement par des puits et la tête amont. Sa longueur était de 555 mètres; 498 mètres de petite galerie et 335 de grande section ont été faits par des puits, 30 mètres de petite section et 165 mètres de grande section, par l'embouchure de Péra, et le reste, 27 mètres de petite galerie et 55 mètres de grande section par l'embouchure de Galata. Qu'on juge des pertes d'argent, de la plus-value donnée à cette entreprise par une marche aussi irrégulière, sans méthode, lente et dispendieuse employée pour faire les travaux !

Les expropriations furent encore cause d'un autre genre de pertes et d'ennuis. Comme elles absorbaient tout mon temps, je fus conduit, au mois d'octobre 1872, à céder l'entreprise du tunnel à un ingénieur français. Moins d'une année après, j'étais obligé, pour éviter un procès et des réclamations coûteuses, de résilier ce contrat et d'indemniser mon entrepreneur, car je ne pouvais lui livrer les terrains. J'achevai en régie la construction du tunnel sans regret, parce que je fus ainsi débarrassé d'une source de plaintes et de désagréments, et parce que, malgré une surveillance active et des recommandations incessantes, l'exécution des travaux par mon entrepreneur laissait quelque peu à désirer. Ajoutons encore qu'il ne fit que la partie la plus facile, celle du côté de Péra, environ 300 mètres. Aussi cette opération ne fut-elle en résumé qu'une fausse manœuvre fort dispendieuse, sans avantages réels.

---

1. Deux fois, dans les hivers de 1873 et 1874, les travaux furent suspendus, à cause de l'abondance des eaux d'infiltration.

Je n'eus pas seulement à vaincre, pour la construction du tunnel, les difficultés que je viens de signaler. La Municipalité du sixième cercle me fit subir, pour les travaux extérieurs des gares et des machines, une multitude de vexations, soit par excès de zèle, soit à cause du mauvais vouloir de quelques-uns de ses membres. Souvent je vis mes travaux arrêtés, par les agents de ville, pour des motifs futiles ou même inconnus ; tantôt pour la chute d'un cyprès, tantôt pour un panier de terre répandu sur un cimetière, tantôt sur la réclamation d'un passant. Voici, pour faire comprendre la situation, ce que j'écrivais le 1-13 août 1873 au Commissaire impérial du Gouvernement chargé de la surveillance de la construction du chemin de fer.

« Depuis le jour où j'ai commencé les travaux du chemin de « fer de Galata à Péra (le 30 juin 1871), la Municipalité du « sixième cercle de Constantinople n'a cessé de me créer des « difficultés et de s'opposer à l'exécution desdits travaux.

« D'abord, pendant plus de cinq mois, elle a prétendu que « je n'avais pas le droit de construire ledit chemin de fer sans « son autorisation, puis elle a cherché à m'assimiler à un en- « trepreneur de travaux particuliers et me faire payer des taxes « qu'elle n'exigeait même pas des contribuables ordinaires ; « puis, chargée de terminer les expropriations, non-seule- « ment elle n'a rien fait, mais elle a créé nombre de difficultés « nouvelles ; enfin la Municipalité vient à diverses reprises de « faire suspendre les travaux que j'avais commencés à Péra pour « l'installation des machines de traction. C'est ainsi que les 8, « 15 et 21 juillet et le 7 août elle a fait arrêter mes travaux, « puis le 8 août elle a chassé mes ouvriers de force et leur a « enlevé leurs outils.

« La Municipalité, Monsieur le Commissaire, pour faire ainsi « suspendre des travaux déclarés d'utilité publique, doit agir « sur des ordres supérieurs ; car il est inadmissible que le Moua- « vim de la Municipalité, escorté de quelques agents de police, « puisse de sa propre autorité, faire irruption sur un chantier, « en chasser les ouvriers et s'emparer de leurs outils ; mais « quels que soient les ordres que la Municipalité exécute, je « ne puis comprendre pourquoi elle refuse de s'adresser, soit « à vous, chargé par le Gouvernement de la surveillance de « ces travaux, soit à moi, chargé de les exécuter. »

Ce sont ces faits qui me faisaient dire en plaisantant au Président de la Municipalité qu'il était heureux que les travaux de mon tunnel se fissent sous terre, où ses agents ne pouvaient ou n'osaient pénétrer, car autrement ils n'auraient pas manqué de les entraver comme ils le faisaient à chaque instant à Péra ou à Galata.

Le 21 août 1873, je fus moi-même arrêté à 8 heures du matin, en pleine rue de Péra, au moment où je sortais du tunnel, et conduit à la police brutalement comme un malfaiteur entre deux zaptiés (gendarmes). Je fus relâché quelques heures après il est vrai, mais le fait n'en subsiste pas moins pour établir combien mon entreprise avait d'ennemis à cette époque [1].

Il ne faudrait pas conclure de toutes ces difficultés que le Gouvernement ottoman ne protége pas, ou ne veut pas voir de grands travaux se faire ou des entreprises industrielles se créer à Constantinople. Ces difficultés tiennent plus à la diversité des intérêts à satisfaire, aux usages établis qu'au mauvais vouloir du Gouvernement. On a pu voir avec quelle promptitude il avait agi en m'accordant la concession ; mais quand il s'est agi de l'exécution, il surgit une multitude de réclamations, d'intérêts opposés qui l'embarrassèrent. Il ne sut pas ou ne voulut pas prendre de résolution, et les résolutions prises ne furent même pas exécutées. En général les hésitations et le désir de satisfaire ou contenter tout le monde conduisent le Gouvernement ottoman à chercher les moyens d'éluder les contrats qu'il a passés dans le principe avec la plus entière bonne foi, à interpréter à sa façon la loi et les ordonnances, du reste assez peu connues et déterminées, ou encore à trouver des précédents qui justifient ce qu'il désire. De là des tiraillements, des difficultés et des pertes de temps et d'argent qui obligent toujours la partie lésée à se plaindre et à réclamer des dommages-intérêts. Incontestablement le Gouvernement ottoman a bonne volonté, mais il est souvent faible, ou dominé par des influences locales ou étrangères avec lesquelles il a sérieuse - ment à compter, quand elles ne l'entravent pas complétement. Ajoutons encore que c'était la première fois qu'un travail de cette importance s'exécutait à Constantinople, et la première fois que des expropriations se faisaient, je ne dirai pas, régulièrement suivant la loi, mais argent comptant. Partout une grande entreprise rencontre des difficultés, mais ces difficultés sont éliminées ou atténuées par la protection que lui accorde l'Administration, tandis qu'ici l'Administration vint, au contraire, les augmenter.

Les ouvriers employés pour les terrassements furent des Kurdes, Musulmans et Arméniens, avec des Italiens pour di-

1. Il paraît, ce que j'ignorais, qu'un tribunal turc m'avait condamné par défaut à payer 150 francs au locataire d'un des propriétaires expropriés. Ayant indemnisé le propriétaire, en vertu de l'article 9 du cahier des charges, il n'était rien dû au locataire. Toute assignation, comme tout jugement, devait m'être transmis par la chancellerie française, et je n'avais absolument rien reçu. Le Gouvernement n'admettant pas que je fusse resté Français, et me considérant comme concessionnaire, soumis aux lois ottomanes, sans se rappeler que j'avais vendu, avec son autorisation, ma concession à une compagnie anglaise dont je n'étais plus que l'entrepreneur, n'avait pas voulu s'adresser régulièrement à la Compagnie ou à ma chancellerie. — Cette situation tendue avait été amenée par l'attitude cassante et peu convenable du représentant de la Compagnie, qui était en outre d'origine russe.

L'ambassade de France prit ma défense, mais l'affaire n'eut pas de suite, parce que je n'insistai pas pour obtenir une réparation, ne voulant pas augmenter l'animosité de l'Administration contre mon entreprise.

riger et surveiller les travaux de mines et de boisage. Dans le principe, j'avais essayé des Croates qui passent pour de bons terrassiers; mais je dus y renoncer bien vite. Ils étaient orgueilleux, difficiles à conduire et ne voulaient travailler qu'à leur manière. Les maçonneries furent faites par des Italiens et les charpentes par des Grecs et des Français. Les transports furent faits exclusivement par des muletiers persans. On jugera de leur importance quand on saura que j'ai donné à leur chef plus de 350 000 francs tant pour le transport des déblais que pour celui des matériaux de construction.

Les travaux commencés au mois de septembre 1871 ne furent terminés qu'en décembre 1874; ils avaient duré trois ans et quatre mois. Sans les retards dus aux expropriations, ils auraient pu être faits en moins de deux ans.

Ils ont coûté : Travaux prévus :   1 859 470 francs
Travaux non prévus, etc :   102 297 »
Total   1 961 767 »

S'il avait été possible de les exécuter régulièrement, ils auraient coûté au moins 25 pour cent meilleur marché.

DESCRIPTION DES TRAVAUX

EXPLICATION DES PLANCHES

I. Position et tracé du chemin de fer. — Tunnel. — Planches 1, 2, 3 et 4.

Le chemin de fer de Galata à Péra est situé sur la dernière colline de la côte d'Europe du Bosphore qui regarde Stamboul, et qui, en s'avançant vers le Sud, forme une sorte de cap au confluent de la Corne-d'Or et du Bosphore. La direction du chemin est celle de la colline, sensiblement du Sud au Nord. On a vu plus haut pourquoi, Galata étant bâti au pied de cette colline et Péra au sommet, c'était la direction qui remplissait le mieux le but à atteindre, et comment on a été conduit à relier ces deux quartiers de Constantinople par un chemin de fer complétement souterrain, ou un tunnel, pour rendre le trajet le plus direct et le plus court possible, éviter les expropriations tout en se trouvant au centre du mouvement, et enfin ne couper aucune des communications existantes.

Le point de départ du chemin de fer se trouve dans la rue Yeni-Djami, prolongement de la grande rue de Galata, à 140 mètres à gauche du pont de Karakeui et à 90 mètres de la Corne-d'Or.

Le chemin, entrant immédiatement en tunnel, passe sous les rues Sevoud, Voïvoda, Camondo, Felek, Médressé, sous le Consulat et l'hôpital anglais, et laissant la tour de Galata 6^m,50 à droite, sous la place Koulé, sous les rues Kutchuk-Hendek, Deirmen et Koulouk; et, après avoir passé de même sous un grand nombre d'habitations, il débouche dans la rue du Tunnel, où se trouvait avant la construction de la gare de Péra, le cimetière du Téké, entre l'Hôtel municipal de Péra et le couvent des Derviches Tourneurs, à 70 mètres à gauche de la grande rue de Péra.

Le profil du chemin n'est pas régulier; commençant par une rampe assez faible pour finir par une autre beaucoup plus forte, il affecte une forme parabolique. Dans la gare de Galata, la rampe est de 10 et 20 millimètres par mètre; en entrant dans le tunnel, elle est de 25 millimètres sur une longueur de 50 mètres, puis va en augmentant de 5 millimètres par mètre, 12

fois sur 10 mètres, 3 fois sur 20 mètres, et 4 fois sur 10 mètres; elle ne croît plus ensuite que 5 fois de un millimètre, 9 fois de 2 millimètres, et 5 fois de un millimètre sur 10 mètres; la rampe ayant atteint alors son maximum, 149 millimètres par mètre, reste uniforme sur 90 mètres jusqu'à la sortie du tunnel; elle diminue ensuite un peu dans la gare de Péra, où le chemin se termine par une rampe de 138 millimètres.

Au départ de Galata, la cote du rail, ou sa hauteur au-dessus du niveau de la mer, était de 1^m,15; à son arrivée à Péra, elle est de 62^m,70; la différence de niveau franchie est donc de 61^m,55; ce qui donne, la longueur horizontale étant de 606^m,50, une rampe moyenne de 101 millimètres et demi environ par mètre.

En adoptant ce profil parabolique, on a voulu atteindre un double but : entrer de suite en souterrain avec la plus grande épaisseur possible de terre entre la voûte du tunnel et les fondations des maisons édifiées au-dessus, et permettre aux trains de partir sans vapeur par le seul effet de la pente de Péra, pour éviter un démarrage ou une introduction brusque de vapeur, et leur permettre de la même manière de s'arrêter par le seul fait de la fermeture du régulateur.

Pour qu'à chaque instant le départ pût se faire sans vapeur, simplement en abandonnant les trains à eux-mêmes, il fallait que la pente fût telle à Péra, celle de Galata étant de 25 millimètres par mètre, que le train de Péra vide pût entraîner celui de Galata chargé.

Le calcul suivant indique que cette pente devait être supérieure à 10 millimètres, pente juste nécessaire, dans ces conditions, pour maintenir l'équilibre : plus faible, le train reste immobile; plus forte, il est entraîné.

Cette pente est donnée par la résistance à monter du train chargé, vaincue par la tendance à descendre du train vide.

La résistance du train montant chargé se compose :

1° De la résistance due au frottement des essieux :

$$f\,\mathrm{P}\cos z\,\frac{d}{\mathrm{D}} = 0,05 \times 25400 \times \frac{1}{6} = 211^{kilg},66$$

$f = 0,05$, c'est le coefficient de frottement des essieux dans leurs boîtes;

$\mathrm{P} = 25400$, c'est la pression des fusées sur les boîtes pour tout le train plein;

$\cos z$ est sensiblement égal à un;

$\dfrac{d}{\mathrm{D}} = \dfrac{1}{6}$ environ, c'est le rapport du diamètre des fusées des essieux au diamètre des roues;

2° De la résistance due aux frottements qui s'exercent au pourtour des roues :

$$f'(\mathrm{P} + p)\cos \alpha = 0,001 \times 29000 = 29 \text{ kilogr.}$$

$f' = 0,001$ environ, c'est le coefficient du frottement de roulement des roues;

$\mathrm{P} + p$, c'est le poids total du train plein; p est le poids des roues et des essieux, 1800 kilogr. par voiture.

3° De la composante du poids du convoi parallèle au plan incliné :

$$(\mathrm{P} + p)\sin z = 29000 \times 0,025 = 725 \text{ kilogr.}$$

4° De la composante parallèle au plan incliné du poids du câble pesant $8^{kilg},5$ par mètre courant sur une longueur de 600 mètres environ : $8,5 \times 600 \times 0,149 = 759,9$, en supposant que la plus forte rampe 0,149 règne sur toute la longueur du trajet.

5° De la résistance des poulies supportant le câble, qui est environ $\dfrac{1}{100}$ du poids du câble, ou 51 kilogr.

La résistance totale à la traction du train montant plein, sur une rampe de $0^m,025$, est donc exprimée par la somme de ces cinq résistances, c'est-à-dire 1776,56 kilogr.

La tendance à descendre du train vide est exprimée par

$$(\mathrm{P}' + p)\sin \alpha' \text{ moins :}$$

1° La résistance du frottement des essieux

$$f\,\mathrm{P}'\cos \alpha'\,\frac{d}{\mathrm{D}} = 0,05 \times 15400 \times \frac{1}{6} = 128^{kilg},33;$$

2° La résistance due aux frottements qui s'exercent au pourtour des roues :

$$f'\cos \alpha'\,(\mathrm{P}' + p) = 0,001 \times 19000 = 19 \text{ kilogr.}$$

3° La résistance à la traction du train de Galata montant plein sur une rampe de 0,025 ou $1776^{kilg},56$.

Par suite, $\sin \alpha' = \dfrac{128,33 + 19 + 1776,56}{19000} = 0^m,101$ représente la pente limite, pour que l'équilibre subsiste entre le train vide à Péra et le train plein à Galata. Au delà de $0^m,101$ par mètre, l'équilibre est rompu, et le train de Péra entraîne celui de Galata.

La pente ayant été portée à l'extrémité de la gare de Péra à $0^m,140$, il s'ensuit que le train de Péra entraînera toujours celui de Galata, quelle que soit sa charge; et cette pente augmentant immédiatement de 9 millimètres, il y a accélération rapide de vitesse sur 50 mètres, parce que la rampe à Galata, sur cette longueur, ne change pas. Au delà, le train de Galata rencontrant des rampes successives de plus en plus fortes, la vitesse diminuerait, et l'équilibre des trains ne tarderait pas à s'établir, si on ne venait, en ouvrant progressivement le robinet d'introduction de vapeur, augmenter progressivement la force de la machine et maintenir la vitesse acquise par ces différences de pente.

De nombreuses expériences ont prouvé que si on abandonne les trains à eux-mêmes, sans admisssion de vapeur, l'équilibre s'établit en des points qui varient de la manière suivante, selon les charges respectives des trains.

Le train de Péra, abandonné à lui-même, fait remonter :

1° Vide, le train de Galata chargé de . . . 150 mètres.
2° Vide, le train de Galata demi-chargé de . . 190 —
3° Vide, le train de Galata vide de. . . . 210 —
4° Demi-chargé, le train de Galata vide de. 290 —
5° Chargé, le train de Galata demi-chargé de. 308 —
6° Chargé, le train de Galata vide de. . . 390 —

Dans aucune de ces expériences, la vitesse acquise n'a dépassé 4 mètres par seconde, et les résultats ont été identiques sur les deux voies; ce qui devait être, puisque les trains ont sensiblement le même poids mort; les machines de droite et de gauche, symétriquement construites, les mêmes résistances.

Ces différences de pente à l'arrivée et au départ asssurent donc d'une manière aussi parfaite que possible la mise en marche; mais elles présentent cependant un inconvénient pour l'arrêt du train qui, par suite de la fermeture rapide du régulateur ouvert au maximum, puisque l'effort maximum de la machine a lieu à l'arrivée, doit être assez précis pour ne pas être fatigant ou dangereux pour le voyageur. L'expérience et l'habitude rendent facile cet arrêt précis, et, dans le cas d'oubli de la part du conducteur, il devient sans danger, grâce à un petit appareil placé au milieu des voies, mû par le train lui-même. Cet appareil arrête automatiquement le train, en fermant le régulateur de la machine et ouvrant celui du petit cheval du frein (pl. 25).

Le tunnel a été percé dans des schistes très-fendillés, peu décomposables à l'air, légèrement aquifères et mélangés de rognons ou couches, quelquefois assez épaisses, de roches dioritiques excessivement dures. La méthode employée pour sa construction a été la méthode dite belge, qui consiste à percer la petite galerie à la partie supérieure et faire la voûte avant les pieds-droits. Les travaux d'excavation n'ont présenté rien de particulier, si ce n'est qu'ils ont été longs, pénibles et coûteux dans les parties dures et les roches dioritiques. Car, ne pouvant faire usage de la poudre à cause des trépidations du sol produites par les coups de mines, et qui se faisaient parfaitement sentir dans les habitations situées au-dessus, il a fallu travailler au burin, tailler en quelque sorte le tunnel dans la roche. Dans ces parties, heureusement peu étendues, la petite galerie avançait à peine de 10 à 20 centimètres en vingt-quatre heures, sans qu'il y eût possibilité de faire mieux. Il en a été de même dans l'abatage en grande section; le mineur qui aurait pu abattre un ou deux mètres cubes de roches dans sa journée, en abattait à peine un quart.

Dans un terrain de cette nature, l'épaisseur des maçonneries projetée à 70 centimètres était bien suffisante; mais on a cru, travaillant dans une ville, devoir prendre un surcroît de précautions, et on a fait varier l'épaisseur de $0^m,85$ à $1^m,10$, suivant la nature du sol et le rapprochement des habitations situées au-dessus. Cette épaisseur se justifiait encore à un autre point de vue; le tunnel se construisait à Constantinople, où jamais n'avait été fait un travail de ce genre, et l'Administration faisait une telle opposition, qu'elle aurait profité du plus petit accident pour reprendre la concession et empêcher absolument l'achèvement du chemin de fer.

La construction peu ordinaire d'un semblable tunnel, sur une rampe variable qui atteint $0^m,149$ par mètre, n'a présenté aucune difficulté réelle. On s'est contenté de faire les boisages et de placer les cintres perpendiculairement à la rampe. Toutefois, comme il a fallu le construire en descendant, puisque l'Administration ne permettait pas de le faire en montant, on a été obligé de prendre quelque précaution pour relier les anneaux de maçonnerie entre eux. Il est néanmoins certain que cette liaison n'est pas aussi bien faite que si on avait construit en avançant en sens opposé.

Les dimensions du tunnel sont un peu moins grandes que celles d'un tunnel ordinaire à deux voies. Les machines n'y circulent pas, et l'entrevoie a été réduite à $1^m,05$. Quand les voitures se croisent, l'intervalle entre elles n'est que de 20 centimètres. Cette disposition n'a aucun inconvénient; car les trains ne changent jamais de voie; les voyageurs entrant et descendant toujours du même côté, les voitures n'ont de portières que sur une face, et sont fermées complétement sur l'autre face.

Le diamètre du tunnel est de $6^m,70$; sa hauteur sur l'axe, mesurée perpendiculairement au plan incliné, est au-dessus du ballast de $4^m,60$; sa hauteur totale, $4^m,90$; la hauteur du pied-droit, $1^m,25$, et la longueur totale, mesurée sur le plan incliné, est de $554^m,80$.

Les matériaux de construction ont été de la brique de Marseille et de Livourne, avec un mortier excellent obtenu par un mélange, en parties égales, de chaux du Bosphore, de pouzzolane de Santorin, et de sable de rivière. Sur une longueur de 200 mètres environ, on a employé de la chaux hydraulique de l'Homme-d'Armes et des ciments du Sardon et de la Porte de France.

Les têtes du tunnel ont été faites: celle de Galata avec de la fort belle pierre de taille de Trieste, et celle de Péra avec de la pierre de taille de Cassis, près de Marseille.

Le prix de revient du tunnel a été de 1,017,300 francs, soit 1834 francs le mètre courant. Sans le retard apporté par l'Administration, la méthode dispendieuse et irrégulière qu'on a été forcé d'employer pour sa construction, il n'aurait certainement pas coûté 1400 francs le mètre courant.

II. Voie. — Planches 4 et 5.

La voie devait être construite solidement pour résister, d'abord aux passages multipliés des voitures qui, sur une rampe de plus de 100 millimètres par mètre, ont pour effet de déplacer ou faire glisser les rails, et ensuite aux efforts des freins à mâchoires qui tendent à arracher violemment les rails de leurs supports. Du reste, l'économie à réaliser sur la voie d'un chemin de fer qui n'avait que $611^m,50$ était insignifiante; aussi n'a-t-on rien négligé pour en assurer la parfaite solidité.

Le chemin de fer est à double voie. Les rails, du modèle Vignole, sont en acier et pèsent 25 kilogrammes par mètre courant. — Le cahier des charges n'exigeait que des rails en fer du poids de 20 kilogrammes. — Leur écartement est de $1^m,51$ d'axe en axe. Ils sont posés sur des longrines en chêne de $0^m,25$ sur $0^m,20$ d'équarrissage. Ces longrines sont assemblées bout à bout et leur joint repose sur une traverse, également en chêne, de $0^m,30$ de largeur sur $0^m,18$ de hauteur, entaillée à mi-bois, avec laquelle l'extrémité de chaque longrine est boulonnée.

Les rails sont fixés aux longrines par des boulons à crochet espacés de 25 centimètres. A tous les joints de rails se trouve aussi une traverse de même dimension que celle qui est sous le joint des longrines; cette traverse est aussi boulonnée avec les longrines.

Comme il était impossible de relier les rails entre eux par des éclisses, puisque les freins à mâchoires agissent sur la lame verticale du rail, on les a remplacées par cinq plaques en fer à la base du rail. L'une est placée sous les bouts des rails à relier, deux autres n'ont pour but que de racheter l'épaisseur du patin du rail, et les deux dernières recouvrent celles-ci en avançant un peu sur le patin du rail. Ces cinq plaques sont reliées aux longrines et aux traverses par quatre boulons. Ajoutons que, pour empêcher les rails de glisser, la plaque placée sous les bouts des rails est armée de deux petits ergots carrés qui se logent dans deux petites entailles de même forme, faites au bout des rails aux angles des patins. Ce système de plaques relie les rails parfaitement entre eux, mais il a l'inconvénient de ne pas présenter l'élasticité des éclisses.

Nous avons indiqué au chapitre précédent les motifs qui nous ont conduit à réduire l'entrevoie à 1^m,11 et à donner à la voie une forme parabolique[1]; il nous reste à dire un mot des dispositions prises pour guider les câbles.

Au milieu de chaque voie, il y a tous les 7 mètres des poulies en fer à grandes joues pour guider et porter les câbles qui remorquent les trains. Ces poulies, qui ont 28 centimètres de diamètre et 16 centimètres de largeur à la partie inférieure de leur gorge, sont fixées solidement aux traverses par quatre boulons. Entre chacune d'elles, on a ajouté un petit galet en bois, placé quelques centimètres plus bas pour soutenir le câble entre deux poulies et l'empêcher de prendre une trop grande flèche; enfin on a fait régner sur toute la longueur de la voie une sorte d'auge en bois, pour que les câbles ne puissent jamais toucher le ballast.

Tel a été le système employé pour soutenir et conduire les câbles; mais l'expérience a bien vite fait reconnaître, à cause de la forme plate des câbles, qu'il pouvait être facilement amélioré.

L'espacement de 7 mètres entre les poulies de support des câbles, bon pour un câble rond, est trop grand pour un câble plat qui fléchit dans un sens perpendiculaire à la voie beaucoup plus facilement qu'un câble rond; il faut réduire cet espacement; on y a bien déjà en partie remédié par de petits galets en bois, mais c'est insuffisant.

Les joues des poulies qui sont utiles pour un câble rond sont nuisibles pour un câble plat, car ce dernier ne fléchit jamais horizontalement, c'est-à-dire parallèlement à la voie; il n'y a

donc pas de probabilité qu'il sorte des poulies, dont les joues ont l'inconvénient de l'user sur les côtés.

L'expérience et ces motifs nous ont conduit à recommander le remplacement progressif des poulies en fer à joues par des poulies en bois sans joues.

Ces poulies seraient espacées de 3 mètres seulement; leur diamètre serait de 36 centimètres et leur largeur de 41 centimètres. Elles seraient traversées par un axe en acier de 8 centimètres et armées de deux plaques en fonte à leur extrémité; enfin elles rouleraient dans de petits supports graisseurs fixés à des longrines de 0^m,19 sur 0^m,17 d'équarrissage.

Il résultera de cette nouvelle disposition que les câbles s'useront moins, ne frotteront pas sur les joues des poulies et ne fléchiront plus entre deux poulies. Ajoutons encore que les poulies seront mieux assises, et l'auge qui retient le ballast moins profonde; car, elles n'ont pas de joues, bien que leur diamètre utile soit plus grand.

La pose d'une voie de ce genre demande beaucoup de soins; les longrines doivent être parfaitement dressées sur la face où reposent les rails, parce qu'une voie sur longrines ne présente jamais l'élasticité d'une voie ordinaire. Aussi les moindres différences de niveau dans l'assemblage des rails se font sentir dans les wagons. Ces voies sont, du reste, toujours dures pour les voyageurs, et il faut, pour en atténuer la dureté, reporter ses soins sur les ressorts et la construction des voitures.

Toute la partie métallique de la voie, les rails, les poulies, les patins et les boulons ont été fournis par l'usine du Creusot.

Le prix de revient de la voie a été :

Les rails en acier (440 fr. la tonne) . .	28 995 fr.	56 c.
Les poulies, patins et boulons.	24 784	39
Le bois de chêne de Salonique.	12 000	00
Les transports, le ballast, la pose	26 720	05
Total. . .	92 500 fr.	00 c.

III. Câbles.

Les câbles ronds avaient été seuls jusqu'alors employés pour remorquer des trains de chemin de fer sur un plan incliné à forte rampe. A Constantinople, la position des machines dans l'axe du chemin de fer le permettant, on les a remplacés par des câbles plats. Ils sont meilleurs que les câbles ronds, aussi bien sous le rapport de la durée que de la solidité, et ils peuvent être plus facilement visités.

Le câble rond s'enroulant sur un tambour doit forcément se déplacer, pour que les brins ne chevauchent pas les uns sur les

autres; de là la nécessité d'avoir une série de poulies de renvoi qui ont le double inconvénient de compliquer l'ensemble du mécanisme et de fatiguer le câble.

Les câbles plats s'enroulant sur deux bobines amènent la suppression des poulies de renvoi et du mécanisme conducteur sur le tambour. Il n'y a plus de torsion et comme l'épaisseur des câbles est réduite à 18 millimètres environ, la fatigue due à l'enroulement même sur les bobines est considérablement diminuée.

Au point de vue de l'utilisation de la force, la bobine du câble plat présente un petit avantage, parce que le rayon d'enroulement est au minimum au départ, c'est-à-dire lorsque le câble est déroulé de toute sa longueur sur la voie, et qu'il est au

1. Quand le chemin de fer fut livré à l'exploitation, le 18 janvier 1875, la voie à Galata n'était pas entièrement achevée; elle devait être abaissée de 25 centimètres environ pour être conforme au profil; c'était important pour faciliter la descente des trains et la tension des câbles.

maximum à l'arrivée, lorsque la résistance du câble sur la voie a disparu.

La seule particularité à signaler spécialement, c'est qu'avec les câbles plats la vitesse du train n'est pas complétement constante ; elle est au-dessous de la moyenne au départ et au-dessus à l'arrivée. Ainsi, en supposant au câble une épaisseur de 18 millimètres et une longueur de 600 mètres, le diamètre minimum d'enroulement étant de 4^m,70, le diamètre maximum sera de 6^m,00. Si le trajet se fait en 2¼ minutes, la vitesse moyenne est de 4^m par seconde ; dans ce cas, la machine marchant régulièrement à 14,4 tours par minute, on aura au départ 3^m,56 comme vitesse minimum et à l'arrivée 4^m,52 comme vitesse maximum, d'où un écart de près de 1 mètre par seconde entre les vitesses extrêmes. Si le trajet se fait en 3⅓ minutes, la vitesse moyenne est de 3^m par seconde, et l'écart entre les vitesses extrêmes n'est plus que de 0^m,73 par seconde. Au départ, la machine étant mise en mouvement, grâce à la différence des pentes entre Galata et Péra, par le train qui descend, cela n'a aucun inconvénient, mais il faut à l'arrivée, pour atténuer cette accélération de vitesse, avoir eu le soin de marcher un peu plus vite que la vitesse normale dans le milieu du trajet, afin de pouvoir ralentir la marche des trains avant de les arrêter, et éviter un arrêt trop brusque.

La dépense première, en adoptant des câbles plats, est un peu plus forte qu'avec un câble rond, car il en faut deux ; l'un qui s'enroule à la partie inférieure d'une des bobines, et le second à la partie supérieure de l'autre bobine ; de telle sorte que les bobines, tournant dans le même sens, un des câbles s'enroule pendant que l'autre se déroule.

Cependant l'économie qui résulte de l'adoption du câble rond n'est qu'apparente, car il dure moitié moins ; en effet, les efforts sur les bouts du câble rond sont égaux, puisque chaque bout descend alternativement jusqu'à l'extrémité de la voie. Avec les câbles plats, il n'en est pas ainsi ; c'est toujours le même bout qui descend et supporte le plus grand effort ; il suffira donc, quand on le jugera à propos, de le retourner bout pour bout pour avoir un câble pour ainsi dire neuf. Cela est surtout vrai pour une voie de forme parabolique, comme celle du tunnel de Constantinople, où à la descente les efforts vont sans cesse en diminuant, et à la montée sans cesse en augmentant ; le bout qui reste à Péra, c'est-à-dire qui est attaché à la bobine, n'a donc pour ainsi dire aucun effort à faire, et on pourra, en le retournant, le considérer comme entièrement neuf, d'autant plus que chaque câble a une longueur de 50 à 70 mètres supérieure à la longueur strictement nécessaire, afin d'avoir toujours un certain nombre de tours sur les bobines.

Les dimensions de ces câbles sont 135 millimètres de largeur et 18 millimètres d'épaisseur. Ils sont composés de 12 aussières de 4 torons, de 6 fils numéro 14, ou 288 fils. Chaque toron a une petite âme en chanvre. Le diamètre d'un fil numéro 14 est de 2,2 millimètres et sa section de 3^{mm}, 8.

Aux termes du marché passé avec les fabricants, MM. Marcheteau, Potraies et G. Laroche, d'Angers, les fils du numéro 14 devaient se rompre sous une charge supérieure à 250 kilogrammes. Aux essais de réception, ces fils se sont rompus sous une charge de 260 à 270 kilogr., et encore la rupture ne s'est produite qu'à l'attache.

Comme l'expérience a démontré que les fils de fer tordus pour en former un câble perdent par cette torsion de 25 à 30 pour 100 de leur force première, il en résulte que les câbles de 288 fils peuvent porter de 50000 à 54000 kilogrammes.

Le plus grand effort qu'un câble ait à vaincre sur le plan parabolique du tunnel de Constantinople a lieu au moment où le train arrive à 100 mètres du trottoir de Péra, c'est-à-dire sur la rampe la plus forte. A ce moment, en supposant le train plein, le calcul prouve que le câble n'a pas à remorquer, y compris son propre poids, plus de 4500 à 5000 kilogrammes (page 24) ; il travaille donc à moins du dixième de sa charge de rupture, c'est-à-dire dans des conditions d'extrême sécurité.

Au commencement du onzième mois de l'exploitation du chemin de fer, il est cependant arrivé que le câble de gauche s'est rompu, le train montant, à 80 mètres de l'attache des voitures. Disons immédiatement que les freins à mâchoires ayant arrêté le train, qui, abandonné à lui-même, commençait à descendre avec une vitesse effrayante, cet accident n'eut d'autre suite que de suspendre l'exploitation pendant quelques jours. Ordinairement, quand un accident de cette gravité arrive dans un chemin de fer, l'administration est la première à solliciter une enquête pour dégager sa responsabilité, mais ici, au contraire, les directeurs de l'exploitation essayèrent de tromper ou de dérouter les recherches de l'ingénieur du contrôle sur les causes de cette rupture. Cependant il est demeuré incontestable que les câbles n'étaient soumis à aucun examen, ni aucune surveillance ; autrement on se serait aperçu qu'ils étaient, ou en partie usés, ou qu'ils avaient des fils cassés, car des câbles si forts ne pouvaient pas se rompre tout d'un coup sous une charge faible sans être détériorés ; l'examen aurait fait reconnaître le mauvais état du bout soumis aux plus grands efforts, et on aurait retourné le câble bout pour bout, ce qui n'avait incontestablement pas été fait.

De plus, on devait, pour satisfaire à une très-juste exigence du Ministère des travaux publics, essayer tous les quinze jours les freins à mâchoires ; or on sait que quand ces freins fonctionnent, ils grippent les rails avec tant de puissance qu'il faut les démonter pour les remettre en place ; le mécanicien avait trouvé ingénieux, pour éviter cette opération, de donner, après le départ de l'ingénieur du contrôle, de la flexion au câble, puis de faire marcher les machines afin de desserrer les freins par l'effort ou le choc violent qui en résultait. Cet effort ou ce choc qui ne desserrait pas toujours les freins, diminuait chaque fois incontestablement la résistance des câbles. Ce qui tendrait à prouver que cette rupture est due à cette cause probablement en grande partie, c'est qu'elle a eu lieu à 80 mètres de l'attache des voitures; or les essais des freins à mâchoires se faisaient sur la rampe la plus forte, à environ 50 mètres en aval de la tête du tunnel à Péra, en donnant de la flexion au câble, la plus grande flexion devait se produire à l'extrémité de la voie, c'est-à-dire à peu près à cette distance de 80 mètres, quand le câble quittait la voie pour se rendre à sa bobine; et on sait que le calcul, comme l'expérience, prouve qu'une corde attachée à ses deux extrémités se rompt, si on vient à rapprocher les attaches pour les éloigner brusquement, au point où a lieu le plus grand effort, le choc le plus violent, point qui se trouve précisément être celui où la corde a le plus fléchi, où il y a lacet, où les molécules sont, si on peut parler ainsi, les moins tendues, les plus au repos. Il faut encore ajouter qu'il était arrivé, dans la marche des trains, quelquefois des arrêts suivis de reprises brusques de mouvement et fréquemment des accélérations brusques de vitesse qui avaient pour effet de produire des tensions violentes sur les câbles, surtout quand cela avait lieu sur la seconde moitié du tunnel en arrivant à Péra.

Le défaut de surveillance qui n'a pas fait retourner les câbles bout pour bout en temps opportun, un service inégal dans la marche des trains qui donnait lieu à des tractions brusques sur les câbles, les chocs dus au desserrement violent des freins à mâchoires, telles sont les causes qui ont amené la rupture du câble et qui pourront en amener d'autres, si on n'y fait attention[1].

Pour assurer une grande durée à un câble, il faut, autant que possible, éviter toutes secousses, toutes accélérations de vitesse, toutes mises en marche brusque, car, quand cela arrive, le câble n'a plus seulement, à cet instant, à supporter le poids réel du train, mais ce poids augmenté de la force vive due à la vitesse de la machine[2].

Malgré cet accident, les premiers câbles furent remplacés par des câbles moins résistants. En effet, fabriqués, comme les premiers, à Angers, avec des fils de qualité identique et du même numéro 14, ils n'ont que 240 fils, soit 48 fils ou un sixième de résistance de moins. Ils ne pèsent que $8^{\text{kilg}}\frac{1}{4}$ par mètre courant; les premiers pesaient 10 kilogr. Quoique moins forts, ces nouveaux câbles sont cependant encore assez solides, car ils ne travaillent pas, dans les conditions les plus défavorables, à plus de $\frac{1}{6}$ de leur charge de rupture.

Les premiers câbles ont été payés à l'usine d'Angers 17 341 fr. 50, à raison de 1 fr. 20 le kilogramme; transportés et mis en place, ils sont revenus à 20 500 fr.

IV. Machines et Chaudières. — Planches 6 à 15.

Les trains sont mis en mouvement par une machine horizontale à deux cylindres. La puissance de cette machine a été calculée de manière à pouvoir remorquer le train montant complétement chargé, dans l'hypothèse où le train descendant serait complétement vide, et dans le point du trajet où l'effort est le plus grand, c'est-à-dire à 110 mètres de Péra, quand le train montant arrive sur la pente la plus forte.

La résistance totale du train montant plein à 110 mètres de l'arrivée se compose :

1° De la résistance due au frottement des essieux, $211^{\text{kilg}}66$ (page 12);

2° De la résistance due au frottement qui s'exerce au pourtour des roues, 29 kilogr.;

3° De la composante, paralèlle au plan incliné, du poids du convoi chargé, $29\,000 \times 0,149 = 4321$;

4° De la composante, parallèle au plan incliné, du poids du câble; elle est égale à $139^{\text{kilg}}31$;

5° De la résistance des poulies; elle est égale à $\frac{1}{100}$ du poids du câble ou $9^{\text{kilg}}35$;

6° De la résistance de l'air $R = \theta \varepsilon A V^2$, $\theta = 0,0625$, $\varepsilon = 1,10$, A surface du train $= 7$ mètres carrés, V rapport de la vitesse du convoi à celle de l'air, qui est ici égale à 0, $= 3$ mètres par seconde; d'où $R = 4,23$.

La résistance totale à la traction du train montant plein est donc, à 110 mètres de l'arrivée, au commencement de la rampe, de $0^{\text{m}}149$ par mètre, exprimée par $4714^{\text{kilg}}65$.

La tendance du train vide à descendre, qui se trouve alors sur la pente de 0,05 par mètre, est exprimée par la composante parallèle au plan incliné du train vide, ou 950 kilogr., moins la résistance due aux frottements des essieux, $128^{\text{kilg}}33$, moins la résistance due aux frottements qui s'exercent au pourtour des roues, 19 kilogr., moins la résistance de l'air, $4^{\text{kilg}}33$, ou $798^{\text{kilg}}34$.

L'effort agissant à la circonférence de la bobine d'enroulement est donc dans les conditions les plus défavorables, exprimé par $4714^{\text{kilg}}65$, moins $798^{\text{kilg}}34$ ou $3916^{\text{kilg}}31$. Par suite, la vitesse réglementaire étant donnée de 3 mètres par seconde, la puissance de la machine devra être de $\frac{3916.31}{75}\,3$, soit environ 150 chevaux.

Cette force est plus que suffisante pour assurer le service du chemin, non-seulement parce qu'elle a été calculée dans les

[1]. Il ne faut pas être trop surpris de ces faits, car la Compagnie anglaise, après avoir pris le chemin de fer des mains de M. Gavand, crut pouvoir, malgré les contrats, les réclamations et les prédictions de ce dernier, se passer d'un ingénieur. Aussi la première année d'exploitation n'a-t-elle été pour ainsi dire qu'une année d'expériences utiles pour former des employés, mais coûteuses pour la Compagnie.

[2]. Il est très-important, pour atténuer sur les câbles l'effet des chocs dus à des accélérations brusques de vitesse ou à des reprises brusques de mouvement, de relier, au moyen d'un ressort puissant et d'un jeu convenable, la première voiture à la barre de traction à laquelle est attaché le câble.

conditions les plus défavorables, mais parce qu'on a encore négligé de tenir compte de la vitesse acquise, et de la diminution de vitesse qui doit avoir lieu à l'arrivée.

Dans le premier projet, les machines devaient être placées de l'autre côté de la rue du Tunnel, en face de la gare de Péra; mais les expropriations ne se faisant pas, ce projet fut modifié et les machines furent installées sous la rue même du Tunnel. Ce changement n'a eu aucun inconvénient pour la marche des machines, il n'a fait que rendre un peu plus aigu l'angle que fait le câble qui s'enroule à la partie inférieure de la bobine, sur la poulie qui le conduit à cette bobine.

Les deux poulies de renvoi pèsent ensemble 2876 kilogr.

La machine est posée sur deux massifs de maçonnerie de 150 mètres cubes environ. Ces massifs sont couronnés par des pierres de taille de marbre blanc de Marmara; sur ces marbres sont placés les bâtis en fonte qui doivent porter l'arbre moteur, les cylindres et autres accessoires des machines.

Les bâtis pèsent 6450 kilogr., et les cylindres à vapeur 5630 kil.

L'arbre moteur est en acier forgé, de 6 mètres de longueur et de 38 centimètres de diamètre; il pèse, avec les manivelles, 5230 kilogr. Les manivelles ont 1 mètre de longueur du centre de l'arbre au centre des bielles, ce qui fait que la course des pistons est exactement de 2 mètres. Les cylindres ont 70 centimètres de diamètre.

L'arbre moteur porte les deux bobines de 4^m, 20 de diamètre intérieur et 6 mètres de diamètre extérieur, sur lesquelles s'enroulent les câbles et une poulie de frein de 4 mètres de diamètre.

Les deux sabots qui enrayent cette poulie sont mus par un petit cheval-vapeur.

Les deux bobines pèsent ensemble 18 844 kilogr., et la poulie de frein 2852 kilogr. Comme dans toutes les positions des trains il y a toujours la totalité d'un câble enroulée sur une bobine, il s'ensuit que l'arbre moteur, non compris son propre poids, porte sans cesse une charge de 28 000 kilogr.

L'alimentation se fait au moyen d'une pompe alimentaire (système Pougault) qui prend l'eau dans un réservoir situé sous la gare de Péra, à droite de la voie. Cette eau arrive aux chaudières après avoir traversé un réchauffeur chauffé par la vapeur qui sort des cylindres. Au milieu des machines se trouve un petit puits qui recueille toutes les eaux de condensation provenant des purgeurs; la pompe alimentaire peut encore reprendre ces eaux pour les envoyer aux chaudières [1].

Le plancher des machines a été fait avec des planches de

cyprès provenant des cyprès arrachés dans le cimetière où a été placée la gare de Péra.

Les chaudières sont au nombre de quatre, de telle sorte que, même au moment de la plus grande production de vapeur, il y en ait deux au repos. Elles sont tubulaires, à foyers intérieurs, et timbrées à cinq atmosphères par l'Administration française. Le nombre des tubes est de soixante-dix par chaudière, leur diamètre de 68 millimètres et leur épaisseur de 3 millimètres.

La surface de grille est de 1^{m2},60; la surface des tubes, de 62 mètres carrés; celle du foyer, 6^{m2},40; celle de retour, de 18^{m2},60. La surface de chauffe totale est ainsi de 87 mètres carrés, et le rapport de la surface de grille à la surface de chauffe, de 1 à 54.

La longueur d'une chaudière est de 7 mètres et son diamètre de 1^m,70; elle pèse 9530 kilogr.

La machine est conduite par un chef mécanicien qui se trouve en face du tunnel, à l'entrée et au milieu de la gare de Péra, dans une petite cage vitrée qui domine toute cette gare. Il voit ainsi partir et arriver le train, ce qui est très-important pour la bonne conduite de la machine et la régularité de la marche des voitures.

Il arrête, fait partir les trains, change leur marche, modère ou accélère leur vitesse au moyen de quatre leviers placés sous sa main; des deux leviers de gauche, l'un sert à introduire la vapeur dans les cylindres de la machine, l'autre dans le cylindre du petit cheval du frein; ils servent donc à arrêter les trains, accélérer ou modérer leur vitesse; des deux leviers de droite, l'un sert à purger les cylindres, l'autre à changer la marche des trains dans un sens ou dans un autre.

De plus, ce chef mécanicien a sous les yeux une règle divisée d'environ 3 mètres de hauteur, sur laquelle se meuvent deux poids armés chacun d'une petite aiguille; la position de ces poids sur la règle divisée indique à chaque instant la position des trains dans le tunnel, et leur aiguille venant à certains moments déterminés toucher un appareil électrique, fait partir une sonnerie qui rappelle au mécanicien, s'il l'avait oublié, quand il doit ouvrir ou fermer le régulateur.

Le mécanicien a encore à côté de lui une sonnerie électrique qui peut être mise en mouvement par le conducteur du train en un point quelconque du tunnel, et donner ainsi, s'il y a lieu, l'ordre au mécanicien d'arrêter; pour cela, il suffit au conducteur du train de toucher avec un balai métallique, qu'il tient à la main, un fil de fer qui règne tout le long du tunnel.

Enfin si, à l'arrivée, le mécanicien vient à oublier de fermer le régulateur et serrer le frein de la machine, le train, en arrivant dans la gare de Péra, pousse un petit appareil placé au milieu des voies, qui ferme l'introduction de vapeur de la machine et ouvre celle du petit cheval du frein, en agissant sur les leviers placés à la gauche du mécanicien.

Toutes ces dispositions assurent aussi complétement que possible la régularité des trains et la parfaite sécurité du voyageur.

---

1. L'approvisionnement de l'eau des machines était une question capitale dans une ville comme Constantinople, où il y a chaque année de grandes sécheresses. Pour assurer l'eau nécessaire aux machines, on a construit, outre le réservoir d'eau de Péra alimenté par les eaux pluviales et une petite concession d'eau de la ville, un réservoir à Galata qui recueille toutes les eaux d'infiltration du tunnel, assez abondantes, même en été, pour le service du chemin de fer. Les eaux de ce réservoir sont remontées dans celui de Péra quand ce dernier est vide. Ces eaux d'infiltration sont très-calcaires (35 à 40 degrés hydrotimétriques), les eaux de la ville sont au contraire très-pures (4 degrés hydrotimétriques).

Le mécanicien communique avec le surveillant et le chauffeur qui sont dans les machines, par une échelle qui est derrière lui ; et, sans se déranger, par un tuyau acoustique qui descend dans la chambre des machines.

Nous ne ferons pas une description plus étendue des machines et des chaudières ; les dessins qui sont à la suite de cet ouvrage les représentent avec les détails les plus minutieux. La planche 6 fait connaître leur installation générale ; les planches 7 et 8 représentent le plan des maçonneries de fondation, des machines et des chaudières, de l'entrée de la chambre des machines et du réservoir d'eau de Péra.

On remarquera aussi qu'outre l'entrée principale des machines, il y a à côté du réservoir d'eau un petit escalier de service qui communique avec la gare de Péra.

Les planches 9, 10, 11 et 12 donnent le plan et différentes coupes longitudinales et transversales des machines ; la planche 13, la disposition du tuyautage, et les planches 14 et 15, les plans et coupes des chaudières.

Les machines, les chaudières et leurs accessoires ont été fournis par le Creusot. Tout a été construit, ajusté et posé dans la perfection, comme tout ce qui se fait en général dans cette usine ; aussi les machines marchent-elles admirablement sans bruit et sans secousse.

Les machines et chaudières ont coûté, prises au Creusot . . . . 133 370 fr. 00

Les accessoires (réchauffeur, 3550 fr.; deux poulies de renvoi 2475 fr. 97 c. ; outillage 3909 fr. 19 c.). 9 935   16

La pose, le transport, les bâtis en maçonnerie, etc. 60 194   84

Le prix de revient des machines et des chaudières a donc été de. . . . . 203 500 fr. 00

V. Bâtiment des machines et chaudières. — Planches 6, 7, 8 et 16.

Nous avons dit plus haut que, par suite des difficultés survenues dans les expropriations, le bâtiment des machines et des chaudières avait reçu de profondes modifications.

En effet, au lieu de se trouver sur le sol ou à un niveau peu inférieur, et de l'autre côté de la rue du Tunnel, en face de la gare de Péra, il a été placé sous cette rue. Ce changement a été très-avantageux au point de vue des expropriations qui ont été beaucoup réduites ; mais il a considérablement augmenté le prix de revient du bâtiment des machines et des chaudières, car il a fallu faire un déblai de plus de 4000 mètres cubes dans un terrain très-dur, et près de 2000 mètres cubes de maçonnerie.

Cette profonde excavation, divisée en deux chambres par un mur de 1m,05 d'épaisseur, pour recevoir l'une les machines, et l'autre les chaudières, a été recouverte par un plancher en fer composé de quatre poutres de 0m,90 de hauteur, entretoisées par d'autres poutres plus petites, sur lesquelles reposent des voûtes en briques et en ciment. La rue du Tunnel passe sur ce plancher, calculé de manière à pouvoir supporter une charge de 400 kilogrammes par mètre carré. Le fer qui le compose pèse 36 000 kilogrammes.

La chambre des chaudières a une superficie intérieure de 150 mètres carrés; celle des machines, de 125 mètres carrés.

On descend aux machines par un petit escalier en pierre, logé en partie dans l'épaisseur du mur qui sépare la cheminée de la chambre des chaudières. L'entrée principale est ménagée de telle sorte qu'à tout moment on peut entrer ou faire sortir une chaudière de 1m,70 de diamètre et 7 mètres de longueur. Pour sortir une chaudière, on la tournera de 90°, de manière à l'amener parallèle à la rue du Tunnel; puis on l'élèvera verticalement jusqu'à la hauteur de la rue, pour la faire avancer ensuite horizontalement dehors. Pour faire entrer une chaudière, on fera l'opération inverse.

Comme cette opération demandait une entrée assez grande et beaucoup de place, 45 mètres carrés, on a profité de cette surface, bien que cela ne fût pas porté dans les projets, pour construire au-dessus un petit bâtiment, en briques et en pierres, à deux étages. Il a été disposé de manière à servir de bureau à la Direction de l'exploitation, et à loger un mécanicien ou un surveillant, ou même le chef de l'exploitation.

La dépense prévue pour le bâtiment des machines et des chaudières avait été de 70 000 francs; mais les changements que nous avons signalés et la construction du pont sur la rue du Tunnel, ont porté cette dépense à 160 934 francs, non compris la construction du petit bâtiment de la Direction, qui a coûté 34 500 francs.

VI. Gare de Péra. — Planches 6, 17, 18, 19 et 20.

La gare de Péra a été construite au milieu du cimetière du Téké, à 70 mètres à gauche de la grande rue de Péra ; elle couvre une superficie de 670 mètres carrés. Il y a sept portes sur la façade principale qui donne sur la rue du Tunnel ; les deux grandes du milieu sont réservées pour la sortie des voyageurs, l'entrée et la sortie des voitures et des marchandises ; quatre autres, à droite et à gauche des premières, pour l'entrée des voyageurs, et la septième pour le service d'un hôtel dépendant de la gare. Les voyageurs de première et de deuxième classe entrent alternativement à gauche et à droite, selon qu'ils doivent partir par le train de gauche ou de droite. A chacune de ces portes il y a deux tourniquets compteurs du système Detouche, de Paris, pour simplifier et assurer le contrôle.

Les trottoirs d'embarquement ont la même pente que le chemin de fer dans la gare ; toutefois la pente du trottoir de tête n'est que de 8 centimètres, afin de permettre aux voitures de monter plus facilement sur la plate-forme et en sortir de même.

La magnifique situation de cette gare a fait penser, pendant que l'on construisait le chemin de fer, à édifier au-dessus un hôtel monumental. Bien que Péra soit très-peuplé, bien que ce soit à Péra que viennent séjourner les milliers d'étrangers qui chaque année visitent Constantinople, il n'y a cependant pas un hôtel réellement convenable. Cette absence de concurrence, cette position du Téké, unique au monde, ce chemin de fer au rez-de-chaussée, tout concourt à assurer à cet hôtel le succès le plus complet. Il n'est pas encore construit ; mais on en a fait les fondations et le rez-de-chaussée, afin de pouvoir l'achever quand on le voudra, sans suspendre l'exploitation du chemin de fer. Les planches 17, 18, 19 et 20 donnent une idée de ce que sera cet hôtel. Il couvrira une superficie de 880 mètres carrés et coûtera environ 770 000 francs, compris les travaux déjà exécutés. Une des particularités de cet hôtel sera d'être couvert par une terrasse à laquelle on arrivera par un ascenseur et des escaliers. De cette terrasse, et surtout du belvédère placé à l'un des angles, on jouira de la vue du plus beau panorama du monde. Tous les touristes, comme tous les habitants de Constantinople et du Bosphore, voudront y monter, surtout si on a le soin de les y attirer, en été, par quelques fêtes de nuit.

La gare de Péra, qui devait n'être d'abord qu'un hangard couvert, avait été estimée à 106 000 francs ; avec les fondations et le rez-de-chaussée construits en vue d'un hôtel, la dépense s'est élevée à 208 272 fr. 75.

VII. Gare de Galata. — Planches 21 et 22.

La gare de Galata est placée dans la rue Yéni-Djami, à 140 mètres à gauche du pont de Karakeui ; elle est construite en briques et en bois, et couvre une superficie de 620 mètres carrés.

Le public entre et sort uniquement par la façade principale donnant sur la rue Yéni-Djami. Pour les piétons, l'entrée a lieu, comme à Péra, par huit tourniquets compteurs, quatre pour la voie de droite et quatre pour celle de gauche. Pour les marchandises, les chevaux et les voitures, l'entrée a lieu par des portes situées, non pas comme à Péra, au milieu de la façade de la gare, mais aux deux extrémités ; la sortie des voyageurs, des marchandises et des chevaux se fait par ces mêmes portes [1].

La disposition de la gare de Galata, comme celle de Péra, est donc très-simple : point de bureau pour la distribution des billets, point de contrôleurs ; on entre en passant par un tourniquet qui compte le nombre des voyageurs et reçoit le prix de leur passage. Liberté pour le voyageur, rapidité dans le service, économie et sûreté dans la fiscalisation.

Quand le chemin de fer fut livré à l'exploitation, le 18 janvier 1875, il y a vingt mois, la gare de Galata n'était pas entièrement achevée. Une expropriation qui n'était pas faite empêchait de terminer la toiture de la gare et de faire les voies de garage pour remiser les voitures de rechange ; de plus une porte provisoire de sortie établie sur la rue Billour (la porte principale à l'angle des rues Yéni-Djami et Billour, étant fermée par une baraque non démolie) ne permettait pas de baisser la voie et les trottoirs au niveau du projet. Ces empêchements ont disparu depuis longtemps ; cependant, à l'exception de la toiture de la gare de Galata, malheureusement terminée sans tenir compte de la hauteur de la rue Billour, puisqu'on a cru devoir faire les 10 mètres environ, qui restaient à couvrir près de la tête du tunnel, à un niveau beaucoup plus bas que la partie faite en avant, les autres achèvements, baisser la voie et faire les voies

1. La direction de l'exploitation a cru, au commencement de cette année, devoir apporter quelques changements à ces dispositions si simples. Elle a supprimé les grandes portes de l'entrée des voitures, aux deux extrémités de la gare, pour les remplacer par deux magasins qu'elle loue, puis elle a réduit l'entrée des voyageurs à deux couloirs de 1^m,50 environ de largeur. Il n'était en réalité pas possible de faire une modification plus contraire aux intérêts de l'exploitation, car on a diminué une gare déjà trop petite et on a rendu impossible le trafic des marchandises et des voitures. A cette modification malheureuse, elle en a ajouté une meilleure et contre laquelle il n'y a rien à dire, en construisant au-dessus de la gare un cercle avec café et restaurant.

de garage, malgré leur extrême importance, n'ont pas été faits.

Telle qu'elle a été livrée à l'exploitation, le prix de revient de cette gare a été de 69 700 francs; comme à Péra, ce sont les déblais et leurs transports qui ont coûté le plus cher.

VIII. Matériel roulant. — Planches 23 et 24.

Chaque train se compose de deux wagons : en avant, une plate-forme pour transporter les chevaux, les voitures, les marchandises et même des voyageurs de seconde classe; en arrière, une voiture à voyageurs.

Les voitures à voyageurs sont très-grandes; elles ont 8^m,50 de longueur, 2^m,40 de largeur, et 2^m,40 de hauteur intérieure. Elles sont divisées en deux vastes compartiments : le premier pour les voyageurs de seconde classe, le second pour ceux de première. Sur trois côtés de ces sortes de chambre règnent, dans les secondes, des banquettes en bois; dans les premières, des banquettes richement capitonnées; et, au milieu, plusieurs appuis pour les voyageurs qui, vu la brièveté du trajet, préfèrent rester debout.

Enfin il y a encore dans chaque compartiment un rideau mobile qui, s'il y a lieu, isole les dames turques des hommes.

Les voyageurs entrent et sortent toujours du même côté, puisque les voitures ne changent pas de voie. Par suite, pour éviter les accidents, le côté des voitures opposé au trottoir, c'est-à-dire celui qui regarde l'entre-voie, est fermé complétement.

Une voiture à voyageurs peut contenir facilement quatre-vingt dix personnes, quarante en première classe et cinquante en seconde classe; soixante personnes au moins peuvent encore prendre place sur la plate-forme, s'il n'y a pas de marchandises. Un train peut donc transporter, et cela est arrivé souvent, au moins cent cinquante personnes. Si le chemin de fer marche seulement quatorze heures par jour, il pourra monter, avec des départs chaque cinq minutes, plus de vingt-cinq mille personnes dans une journée, et en descendre autant.

Le poids d'une voiture à voyageurs est de 11 000 kilogrammes et celui d'une plate-forme 8000; un train non chargé pèse donc 19 000 kilogrammes; ce qui rend si lourd un train si petit, ce sont les freins à bandes et à mâchoires dont chaque wagon doit être muni.

Tout le matériel roulant du chemin de fer de Galata à Péra a été fourni par MM. Desouches, David et Cie, à Pantin; mais, soit à cause de la nouveauté de la forme des voitures, de la difficulté d'ajuster des freins très-compliqués, sa construction n'a pas répondu au prix d'achat, et on a été obligé, à Constantinople, d'y apporter de nombreuses modifications avant de le mettre en usage.

Les quatre voitures à voyageurs, deux de service et deux de réserve, les deux plates-formes et quatre paires d'essieux montés de rechange ont coûté à l'usine de Pantin 88 387 fr. 55, et à Constantinople avec le transport et les réparations, 102 500 fr.

Freins à bandes et à mâchoires. — Dans un chemin de fer en ligne droite, où les trains sont guidés par un câble et circulent toujours sur la même voie, sans en changer jamais, les déraillements et les rencontres sont impossibles. Un seul accident est à craindre, c'est celui de la rupture de l'un des câbles. On a paré à cet accident en adaptant aux voitures un double système de freins à bandes et à mâchoires, assez puissants et assez bien construits pour arrêter rapidement et sans secousse le train chargé lancé à toute vitesse sur la pente du chemin.

Le premier, qui a pour objet l'enrayage des roues se compose de quatre freins à bandes; ils entourent les jantes des roues, élargies intérieurement à cet effet et en saillie sur les bandages. Chaque bande est articulée avec un levier qui porte à son extrémité un contre-poids. Quand les contre-poids tombent, les bandes viennent s'appliquer sur les jantes, les serrent énergiquement et enrayent les roues.

Le second système se compose d'un arbre placé au milieu de la voiture parallèlement aux essieux, portant à ses extrémités deux appareils identiques. Chacun d'eux consiste essentiellement en une poulie à gorge conique, calée sur l'arbre, et en deux fortes mâchoires d'étau au travers desquelles l'arbre passe avec un jeu convenable.

Chaque mâchoire est reliée avec une pièce en forme de joug, formant écrou en son centre; ces écrous se vissent sur les parties filetées de l'arbre de chaque côté de la poulie; les deux pas de vis sont en sens contraire. Quand tout cet appareil tombe sur le rail, la poulie à gorge conique l'embraye énergiquement; le wagon continuant à descendre la poulie tourne avec la vis et rapproche les mâchoires d'étau; la position de ces dernières est telle que, lorsque l'appareil est tombé, leurs pinces sont venues se présenter au-dessous du champignon du rail, et par suite, en se rapprochant, elles serrent la lame verticale du rail avec d'autant plus de force que le wagon sera plus chargé et lancé avec une vitesse plus grande.

La chute de ce frein entraîne celle des contre-poids des freins à bandes, et les deux systèmes de freins agissent simultanément.

Chaque voiture est munie de ce double système de freins; et

pour que les freins de la seconde voiture tombent en même temps que ceux de la première, il y a une came qui soutient le frein à mâchoire de la seconde voiture, et cette came est reliée, au moyen d'une tige, d'un tendeur et d'une manivelle, à l'arbre de support du premier frein, de manière que le premier tombant, la came se retire et le second frein tombe en même temps.

Dans le principe, ces freins étaient automoteurs, c'est-à-dire qu'ils agissaient d'eux-mêmes, si le câble venait à casser. A cet effet, la tige à laquelle était attaché le câble était reliée à la première voiture par un ressort de traction tel que si le câble venoit à se rompre, ou si sa tension diminuait et devenait voisine de la tension initiale du ressort de traction, celui-ci, en se détendant, poussait une came qui soutenait l'ensemble de l'appareil suspendu, les freins tombaient alors sur la voie pour agir comme nous l'avons décrit plus haut. Enfin, pour plus de sécurité, les freins pouvaient encore être mis en jeu par un mécanisme tout à fait indépendant du premier, manœuvré du wagon de tête par le garde frein. Une vis agissant par l'intermédiaire d'un levier et d'une tige sur la came supportant le frein pouvait aussi en provoquer la chute.

Le serrage, ou mieux le grippement des freins à mâchoires est tellement énergique, que pour les remettre en place, quand ils ont agi, aucun effort n'est assez puissant sur la vis qui rapproche les mâchoires pour la faire tourner en sens opposé, il faut démonter l'appareil. Cette opération, qui demande plus d'une heure, est le seul inconvénient de ces freins; heureusement qu'en dehors des essais pour vérifier leur bon fonctionnement, elle ne se fait pas une fois par an.

Sur une voie à pente continuellement forte, comme celle de Lyon à la Croix-Rousse, ce double système de freins automoteurs était excellent, parce que la tension est continuellement grande; encore a-t-il fallu, dans les gares où cette tension diminue, prendre certaines dispositions pour empêcher la chute des freins. Mais au tunnel de Constantinople, où, la voie ayant une forme parabolique, la tension sur le câble commence pour ainsi dire par être nulle pour arriver par des graduations successives à 4700 kilogrammes, dans le cas le plus défavorable, ce système automoteur devenait difficile à employer, parce qu'il fallait empêcher la chute des freins sur près de la moitié de la longueur du trajet. Le cahier des charges exigeant cependant l'emploi de ces freins, la Commission impériale nommée par le Gouvernement ottoman pour recevoir le chemin de fer a alors décidé de remplacer le fonctionnement automoteur de ces freins, dû à une diminution de tension dans le ressort de traction, par un fonctionnement instantané dépendant du garde-frein. A cet effet, la came étant retirée, les freins sont retenus par une tige qui se termine par un anneau; cet anneau est passé dans un goujon, à la tête du wagon où se tient le garde-frein; sous la main de ce dernier se trouve un levier sur lequel il n'a qu'à presser pour faire sortir l'anneau du goujon et faire tomber le frein instantanément. On comprend que cette modification, qui

rend beaucoup plus simple la manœuvre de ce double système de freins, ne satisfasse pas entièrement l'esprit; car si le câble vient à se rompre, la vie des voyageurs se trouve entre les mains d'un seul homme qui peut perdre la tête au moment du danger; il faudrait au moins qu'il y eût deux personnes ensemble continuellement préposées à ce service[1].

Pour remédier à ce danger, on pourrait placer sur chaque essieu des voitures un anneau du système des freins Guérin, qui se relèverait, par l'effet de la force centrifuge, dès que la vitesse du train serait supérieure à 5 mètres par seconde (18 kilomètres à l'heure), et qui en se relevant pousserait une tige ou un goujon qui ferait tomber le frein. En admettant alors que, le câble s'étant rompu, le garde-frein ait oublié de faire tomber les freins, le train ne tarderait pas, en descendant, à dépasser la vitesse de 5 mètres par seconde, et le frein tomberait de lui-même. Remarquons que ces anneaux n'ont besoin de tourner que dans un sens, et qu'il faudrait, pour plus de sûreté, les agencer de telle sorte qu'un seul en se relevant puisse faire tomber l'appareil des freins. Tout en évitant les inconvénients sérieux du ressort de traction sur une voie à tension graduée, on assurerait ainsi toute la sécurité des freins automoteurs au voyageur, qui ne serait plus seulement à la merci, en cas de rupture du câble, de la vigilance d'un seul homme.

Nous remarquerons, en terminant, que des expériences directes ayant prouvé qu'un wagon enrayé de ses quatre roues, sans vitesse initiale, reste en équilibre sur une rampe de 12 pour 100, et que le profil du tunnel de Constantinople étant tel qu'il y a 290 mètres de rampes inférieures à 12 pour 100 et finissant même par 1 pour 100, le premier système des freins à bandes, qui consiste dans l'enrayage des quatre roues, serait suffisant pour arrêter le train sur près de la moitié de la longueur du chemin; sur l'autre moitié, le train commencerait par redescendre en prenant une certaine accélération de vitesse; mais, arrivant à rencontrer des rampes de plus en plus faibles, il ne tarderait pas à s'arrêter. Il conviendrait peut-être, donc, d'isoler les deux systèmes de freins, et ne rendre automoteur que le système de freins à bandes, ou encore, par un double système d'anneaux se relevant par la force centrifuge, rendre les freins à bandes automoteurs à la vitesse de $4^{m},50$ par seconde, et les freins à mâchoires à la vitesse de 5 mètres, tout en conservant au garde-frein le moyen de faire tomber instantanément tout l'appareil des freins.

Une des conditions essentielles de toute espèce de frein est, tout en arrêtant rapidement, d'arrêter sans secousse. De nombreuses expériences, faites à Constantinople avant la mise en exploitation, avec des vitesses de 4 à 6 mètres par seconde, ont prouvé que l'arrêt se produit de 4 à 6 mètres à peine après la chute des freins à mâchoires, et que cependant il n'en résulte

1. On a vu plus haut que le 25 novembre 1875, un câble s'étant rompu, les freins ont agi et le train s'est arrêté. La vigilance du garde-frein ne s'est donc pas trouvée en défaut.

aucune secousse violente pour le voyageur ; le frein à bandes enraye, empêche le train de prendre une trop grande vitesse, et le frein à mâchoire arrête.

Le prix de revient d'un appareil complet de ce double système de freins a été à l'usine de Pantin de 5868 fr. 61 c. il y en a un à chaque voiture.

IX. Résumé. — Prix de revient. — Exploitation.

Le chemin de fer souterrain de Galata à Péra, dit Tunnel de Constantinople, a été projeté au mois de mai 1867. — La concession en a été accordée par le Gouvernement ottoman le 6 novembre 1869. — Les statuts de société de la Compagnie anglaise the Metropolitan Railway of Constantinople, qui devait être créée pour la construction et l'exploitation du chemin de fer, ont été approuvés par le Gouvernement ottoman le 4 avril 1872. — La Compagnie anglaise a été constituée au mois de juillet 1872, et son capital de 6,250,000 francs, divisé en 12,500 actions de 500 francs chacune, émis à Londres et à Constantinople le 20 août de la même année. — Les travaux et les expropriations commencés dès le mois de juin 1871, ne furent poussés activement qu'après la constitution de la Compagnie anglaise, c'est-à-dire un an plus tard ; ils furent terminés au mois de décembre 1874, moins une partie de la gare de Galata et la dernière expropriation qui ne furent achevés qu'au mois de juillet 1875. — Les essais du chemin de fer par le Gouvernement ottoman eurent lieu pendant le mois de novembre 1874, et sa réception le 5 décembre 1874.

Le prix de revient du chemin de fer souterrain de Galata à Péra a été de 4,125,554 fr. 50 :

Expro-priations.	Galata	1,239,420 »	
	Péra	670,345 25	1,984,372 50
	Indemnités diverses.	74,607 25	
Travaux prévus.	Tunnel	1,017,500 »	
	Personnel, frais généraux pendant 4 ans	177,270 »	
	Voie	92,500 »	
	Câbles	20,500 »	
	Machines et chaudières	203,500 »	1,859,470 »
	Bâtiment des machines et des chaudières	70,000 »	
	Gare de Péra (sans l'hôtel)	106,000 »	
	Gare de Galata	69,700 »	
	Matériel roulant	102,500 »	

A reporter. . . 3,843,842 50

Report. 3,843,842 50

Travaux non prévus.	Allongement du tunnel à Galata	11,363 75	
	Modification à l'emplacement des machines	90,934 »	102,297 75

Bureau pour la Compagnie, réservoirs et concession d'eau, télégraphe outillage, frais de la Compagnie à Constantinople. 179,414 25

Total. 4,125,554 50

Tel a été le prix de revient du chemin de fer de Galata à Péra ; sa longueur totale étant de 626 mètres, le mètre courant coûte 3420 francs sans les expropriations, et 6590 francs avec les expropriations[1]. Rappelons pour mémoire qu'il reste des terrains pour une valeur de un million de francs environ.

Toutefois il faut encore ajouter à ces dépenses, l'achat de la concession (625,000 francs), les frais d'administration de la Compagnie à Paris et à Londres, les commissions et frais d'émission, les pertes sur le change, les intérêts payés aux actionnaires et aux banquiers pendant la construction, intérêts considérables, puisqu'à cause des retards apportés aux expropriations, les travaux ont duré plus de trois ans et demi.

Le chemin de fer a été livré à l'exploitation le 18 janvier 1875. Dès les premiers jours le nombre des voyageurs transportés fut considérable et dépassa même celui de 8000 par jour atteint par le chemin de fer de Lyon–Croix–Rousse seulement après quatorze années d'exploitation. Mais, contrairement à ce qui se passe dans tous les chemins de fer, le nombre des voyageurs transportés est resté jusqu'à présent stationnaire. Cela tient probablement aux événements politiques et financiers qui ont bouleversé Constantinople et peut-être aussi à l'exploitation.

Nul doute cependant qu'avec le temps, le rétablissement d'une situation politique et financière normale, l'introduction de quelques améliorations dans le service de l'exploita-

[1]. Le petit chemin de fer de Lyon–Croix–Rousse, construit dans les mêmes conditions et pour remplir le même but, a coûté 1,434,202 fr. 68 c., sans les expropriations ni les frais généraux de la Compagnie, et 3,110,043 francs avec les expropriations et les frais généraux de la Compagnie. Sa longueur n'étant que de 489^m,20, le prix de revient a été, par mètre courant, de 6,360 fr.

tion, l'organisation du transport des marchandises qui n'a pas encore commencé, et qui est cependant si important dans une ville comme Constantinople, où tout se transporte à dos d'homme, nul doute, disons-nous, que le trafic et les recettes des chemins de fer souterrains de Galata à Péra, ne deviennent considérables et ne dépassent même les prévisions.

PROJET D'UNE NOUVELLE VILLE

D'UN NOUVEAU PORT DE COMMERCE A CONSTANTINOPLE

ET D'UN CHEMIN DE FER SUR LA RIVE DROITE DU BOSPHORE

Planche I.

Le port de commerce actuel de Constantinople est établi à l'entrée de la Corne-d'Or et couvre une superficie de 800,000 mètres carrés environ ; l'autre partie de la Corne-d'Or est réservée à l'arsenal et au port militaire. Ces deux ports sont aujourd'hui trop petits. La flotte de l'Empire ottoman a augmenté considérablement; la Turquie est aujourd'hui la troisième ou quatrième puissance maritime militaire du monde; et le nombre des navires de commerce qui arrivent à Constantinople de tous les points du monde croît sans cesse.

A cette insuffisance de place, il faut ajouter que la grande profondeur de la Corne-d'Or (40 mètres) à son embouchure dans le Bosphore rend difficile l'ancrage des bateaux ; la variation des courants rend fréquentes les collisions, et l'absence complète de quais d'embarquement, coûteuses, longues et pénibles l'expédition et la réexpédition des marchandises.

La configuration de la Corne d'Or et du Bosphore ne permet pas d'agrandir le port de commerce actuel. Il est aussi impossible d'y construire des quais d'embarquement et des docks, car les maisons et les magasins arrivent jusqu'au bord de l'eau, et leurs expropriations seraient trop coûteuses; on peut en juger par celles du tunnel de Constantinople situées dans une position incomparablement moins belle et moins commerçante; et il est encore impossible de prendre des terrains sur la mer, car dès qu'on s'éloigne de la rive de quelques mètres on atteint des profondeurs d'eau telles qu'elles empêchent à peu près complétement la construction de quais avancés.

Ces inconvénients ont fait songer depuis longtemps à créer un autre port à Constantinople. Les courants du Bosphore étant trop forts et ses différentes baies, Beicos, Stenia, etc., trop petites, on a projeté un nouveau port, les uns à San Stephano, les autres à Kutchuk Tchekmédjé; mais tous ces projets ayant l'immense tort de placer le port à créer loin de la ville,

M. Gavand a conçu depuis longtemps un autre projet dans Constantinople même, digne de cette capitale et répondant à tous les besoins du commerce dans le présent comme dans l'avenir.

Il consiste dans la construction d'une nouvelle ville et d'un nouveau port avec quai d'embarquement, bassin de radoubs, docks et tous les établissements et appareils propres à favoriser les mains-d'œuvre commerciales auxquelles les marchandises sont soumises.

Entre les Sept-Tours et la Pointe du sérail, sur la mer de Marmara, il existe une sorte de renfoncement naturel de la côte qui peut être parfaitement utilisé pour la création d'une nouvelle ville, en gagnant des terrains sur la mer; et pour la création d'un vaste port de commerce, en construisant une jetée parallèle à la côte.

La ville et le port ainsi créés seront parfaitement abrités; au Nord et à l'Ouest par la colline sur laquelle est bâtie Stamboul, à l'Est et au Sud-Est par la côte d'Asie. — Les vents de l'Ouest et du Sud-Ouest, les plus dangereux à Constantinople et qui viennent frapper la côte de Cadi-Keui avec tant de violence, seront parallèles à la jetée et par conséquent peu à redouter; quant à ceux du Sud qui ne sont souvent pas moins dangereux que les précédents, ils frapperont la jetée à peu près perpendiculairement, il est vrai, mais après avoir perdu la plus grande partie de leur force sur les îles des Princes situées en face.

La planche I fait suffisamment connaître le projet. Les cotes de profondeur inscrites sur le plan montrent qu'on peut facilement prendre sur la mer, pour construire la ville nouvelle, plus de 2 200 000 mètres carrés de terrains, et créer un port couvrant une surface de plus de 2 000 000 de mètres carrés, c'est-à-dire plus du double du port actuel.

Les avantages à retirer de cette colossale entreprise seront énormes et pour le Gouvernement et pour le commerce. Le Gouvernement pourra prendre pour son port militaire toute la Corne-d'Or, construire dans la nouvelle ville une douane centrale qui lui permette de doubler la principale source de ses revenus, les recettes de la douane de Constantinople, édifier des écoles, des établissements publics, etc., percevoir un droit d'entrée sur chaque navire, etc., etc.

Le commerce trouvera à son tour des avantages incalculables, non-seulement en profitant d'un port vaste, sûr et facile d'accès, mais surtout par l'établissement de docks comprenant : 1° des quais préparés et outillés pour faciliter le chargement et le déchargement des navires, ainsi que la manutention des marchandises; 2° de vastes hangars et magasins destinés à loger toutes sortes de produits et pourvus de tous les appareils mécaniques pouvant accélérer et faciliter la réception, le pesage, la vérification, l'arrimage, la bonne conservation et la réexpédition des marchandises; 3° une enceinte complète, sûre et une surveillance organisée de manière à prévenir tout vol et tout détournement; 4° une administration centralisant pour les négociants toutes les opérations de douane (entrée, sortie, transit) et toutes les mains-d'œuvre commerciales auxquelles les marchandises sont soumises; 5° un système de bassins de radoub pour la construction et la réparation des navires.

Grâce à ces docks, le commerce obtiendra encore du Gouvernement la faculté d'entrepôt réel et l'institution des warrants au moyen desquels toutes les marchandises déposées circulent de main en main sans déplacement ni frais d'aucune sorte.

C'est en grande partie à la création de ce genre d'établissements qu'est due l'incroyable prospérité commerciale des villes maritimes de l'Angleterre. Nul doute qu'avec cette ville nouvelle, ce port et ces docks, Constantinople ne devienne une des villes maritimes la plus considérable du monde et ne parvienne à une importance commerciale en rapport avec son importance politique.

On ne saurait estimer la construction des travaux nécessaires à l'exécution de ce vaste projet à moins de 300 millions de francs.

Les bénéfices seront en rapport avec les dépenses. Ils consisteront dans la revente des terrains gagnés sur la mer — en supposant que le tiers de ces terrains soit abandonné gratuitement à la Ville pour les quais, les rues et les places publiques, il restera encore près de 1 500 000 mètres carrés qui vaudront au moins 450 millions, au prix moyen de 300 francs le mètre carré, — dans un léger droit de tonnage sur chaque navire entrant dans le port, dans un droit d'accostage à quai, dans l'immense revenu des docks, etc., etc.

Une étude plus approfondie fera connaître dans ses détails ce que coûtera l'opération et les bénéfices que l'on pourra en retirer, mais nul doute que ce ne soit une entreprise aussi lucrative que grandiose.

La nouvelle ville, le port et les quais seront desservis par un chemin de fer se reliant à l'Ouest aux chemins de fer de la Turquie d'Europe, à l'Est à ceux de la Turquie d'Asie par un tunnel passant sous le Bosphore à son embouchure dans la mer de Marmara, et au Nord à un chemin de fer à construire sur la rive droite du Bosphore.

Ce dernier chemin de fer traversera Stamboul en souterrain, la Corne-d'Or par un pont fixe, mais ayant une travée mobile, longera ensuite toute la côte d'Europe du Bosphore, puis le bord de la mer Noire jusqu'à Kilia. La configuration du sol ne permettant pas d'avancer sur la mer, et la situation des villages sur le Bosphore rendant les expropriations à peu près impossibles, il faudra, pour établir ce chemin de fer, traverser jusqu'au delà de Yeni-Keui toutes les collines du Bosphore par des tunnels et placer les stations dans chaque vallée où le chemin débouchera à ciel ouvert.

L'établissement d'un semblable chemin de fer sera excessivement dispendieux; les recettes en seront belles sans doute, mais nullement en rapport avec les dépenses. Il présente cependant des avantages politiques assez grands pour que le Gouvernement ou la ville de Constantinople en favorise la construction par des avantages financiers qui rendent son exécution possible. Nous n'en parlons ici que pour mémoire.

Nous réservons notre sollicitude pour la ville nouvelle et le nouveau port avec docks et quais d'embarquement. Espérons que l'horizon politique s'éclaircissant, il nous sera bientôt permis de travailler à la réalisation de cette vaste entreprise.

FIRMAN DE CONCESSION

(TEXTE TURC)

FIRMAN IMPÉRIAL DE CONCESSION

TRADUCTION

La demande de M. Gavand, sujet Français, pour la construction d'un chemin de fer souterrain entre Galata et Péra, ayant été soumise à l'étude du Ministère des travaux publics, ce Ministère a été d'avis que le cercle de Galata étant la partie commerciale de la ville de Constantinople, il serait dans le plus grand intérêt du commerce local et de la population de la ville d'améliorer les voies de communication actuellement existantes dans ce cercle et de construire le chemin de fer en question.

Le Conseil d'État ayant examiné et approuvé de son côté la convention et le Cahier des charges rédigés sur cette affaire et en vertu desquels M. Gavand s'engage à construire à ses risques et périls ledit chemin de fer au moyen d'un tunnel et à verser au Trésor Impérial un et demi pour cent sur le bénéfice net du chemin ; d'après la même convention, le Gouvernement Impérial accorde à M. Gavand une concession de 42 ans à partir de la date du firman. S. M. I. a donc bien voulu sanctionner par son présent firman cette concession à M. Gavand sous les conditions précitées.

Le 29 Sefer 1286 (6 juin 1869).

Signature du Ministre des
AFFAIRES ÉTRANGÈRES

Sceau du
DIVAN IMPÉRIAL

CHEMIN DE FER SOUTERRAIN DE GALATA A PÉRA

CONVENTION ENTRE L'ÉTAT ET M. E. GAVAND

Entre Son Excellence le Ministre des travaux publics, d'une part;
Et Monsieur Eugène Gavand, ingénieur-constructeur, d'autre part.

Il a été convenu ce qui suit :

ART. 1.

Le Gouvernement Impérial concède à M. E. Gavand, ingénieur-constructeur, un chemin de fer souterrain destiné à joindre Galata et Péra, et ce, aux clauses et conditions du Cahier des charges ci-annexé.

ART. 2.

M. E. Gavand s'engage à exécuter à ses frais, risques et périls, sans subvention, ni garantie de l'État, le chemin de fer souterrain qui fait l'objet de la présente concession, et à se conformer pour la construction et l'exploitation dudit chemin aux clauses et conditions du Cahier des charges ci-annexé.

ART. 3.

Le concessionnaire est libre d'adopter pour se procurer les fonds nécessaires à son entreprise telle combinaison financière qu'il jugera le plus convenable à ses intérêts.

Toutefois il ne pourra émettre de titres négociables qu'après s'être constitué en société jouissant de statuts approuvés par le Gouvernement.

A chaque émission de titres, la préférence sera réservée, jusqu'à concurrence des deux cinquièmes, aux souscripteurs Ottomans.

Constantinople, 2 Chaban 1286.
Constantinople, le 6 Novembre 1869.

(Apposé) CACHET DU MUSTÉCHAR DU MINISTÈRE
DES TRAVAUX PUBLICS.

Le Ministre des travaux publics,
(Signé) DAVOUD.

L'Ingénieur concessionnaire,
(Signé) E. GAVAND.

CAHIER DES CHARGES

ARTICLE 1er.

Monsieur Eugène Gavand, ingénieur-constructeur, s'engage à exécuter à ses frais, risques et périls, sans subvention, ni garantie d'intérêt, et à terminer dans un délai de trente mois à dater du décret de concession, tous les travaux du chemin de fer souterrain de Galata à Péra, et de manière que ce chemin soit praticable et exploité dans toutes ses parties à l'expiration du délai ci-dessus.

ART. 2.

La gare de Galata sera située sur la gauche de la grande rue de Galata ou de la rue Yéni-Djami, dans un point de l'espace compris entre la rue Perchembé-Bazar et la douane de Galata.

Le choix de l'emplacement de la gare de Galata, située dans l'espace ci-dessus indiqué, sera déterminé par le concessionnaire, sauf approbation du Gouvernement.

La gare de Péra sera située dans les environs du Téké, à gauche de la grande rue de Péra.

ART. 3.

Le concessionnaire devra soumettre à l'approbation de l'autorité supérieure, dans un délai de trois mois à dater du décret de concession, le tracé définitif du chemin de fer, rapporté sur un plan à l'échelle de un à deux mille, en se conformant aux indications de l'article précédent [1].

Il indiquera sur ce plan, la position et le tracé des stations; à ce même plan devront être joints, pour être également soumis à l'approbation de l'administration, un profil en long suivant l'axe du chemin de fer, les dessins détaillés des voies, les appareils de sûreté et de locomotion, et un mémoire explicatif comprenant la description des ouvrages, ainsi que les moyens de traction ou de retenue que le concessionnaire entend employer.

En cours d'exécution, le concessionnaire aura la faculté de proposer les modifications qu'il pourra juger utile d'introduire ; mais ces modifications ne pourront être exécutées que moyennant l'approbation préalable et le consentement formel de l'administration supérieure.

ART. 4.

Le chemin de fer comprendra deux voies, sa largeur en couronne est fixée uniformément à 7m, 70. La largeur de la voie entre les bords des rails devra être de 1m,

---

1. Le tracé définitif du chemin de fer a été remis au Gouvernement dès le mois de mars 1868

44 à 1m, 45; la distance entre les deux voies sera au moins égale à 1m, 30 mesurée entre les faces extérieures des rails de chaque voie.

La largeur des accotements, ou, en d'autres termes, la largeur entre les faces extrêmes et les pieds-droits du tunnel sera au moins égale à 1m, 585. La hauteur des pieds-droits du tunnel au-dessus de la face supérieure des rails fixée à 0m, 85.

La voûte du tunnel sera en plein cintre et tracée avec un rayon de 3m, 35.

Le concessionnaire est soumis pour le transport et le dépôt des déblais extraits du tunnel aux règlements du port et aux ordonnances de la Mairie.

Art. 5.

Le chemin ne présentera qu'un seul alignement entre ses deux extrémités et une ou plusieurs pentes dont la plus forte ne pourra excéder 0m, 16 par mètre.

Le concessionnaire aura la faculté de proposer aux dispositions de cet article, comme à celles de l'article précédent, les modifications dont l'expérience pourra indiquer l'utilité ou la convenance; mais ces modifications ne pourront être exécutées que moyennant l'approbation préalable et le consentement formel de l'administration supérieure.

Art. 6.

Le chemin de fer passera au-dessous de toutes les voies publiques; il sera continuellement en tunnel afin d'éviter les expropriations et les réclamations des propriétaires ou commerçants situés sur le parcours du chemin.

Art. 7.

L'occupation temporaire des terrains ou propriétés dépend de la volonté de leur propriétaire, et les loyers et les indemnités qui s'y rattachent seront supportés et payés par le concessionnaire.

Art. 8.

Le concessionnaire devra employer dans la construction du tunnel, de la voie, des gares, etc., des matériaux de bonne qualité communément en usage dans les travaux du même genre. Toutefois les têtes du tunnel, les angles, socles et couronnements seront en pierres de taille; les rails de circulation et autres éléments constitutifs de la voie de fer devront être de bonne qualité et propres à remplir leur destination.

Les rails seront posés sur longrines et leur poids sera au moins de 20 kilogrammes par mètre courant.

Art. 9.

Tous les terrains strictement destinés à servir d'emplacement aux gares et au chemin de fer à l'entrée et à la sortie du tunnel seront achetés et payés par le concessionnaire.

Si les acquisitions de terrains ne peuvent se faire à l'amiable, elles seront faites suivant la loi d'expropriation pour cause d'utilité publique. Le revenu des propriétés six mois avant la signature du firman servira de base à leur estimation.

Dans ce cas, la valeur réelle de la propriété, à l'époque précitée, étant fixée par des experts, et au moyen des plans cadastraux de la Municipalité, le concessionnaire ne payera que le 20 p. 100 en plus de cette valeur aux propriétaires, *pour tenir compte de la dépréciation de la propriété depuis quelques années, des dommages résultant pour les propriétaires de l'obligation forcée où ils sont de vendre, et de tous les frais ou indemnités qu'ils peuvent réclamer pour le déplacement de leurs affaires ou de leur commerce ou industrie* [1].

Il est entendu toutefois que les propriétaires comme le concessionnaire auront le droit de recourir au Conseil d'État pour la vérification de l'estimation vraie de la propriété, faite ainsi qu'il vient d'être dit.

Art. 10.

Pendant toute la durée des travaux qu'il effectuera par des moyens et des agents de son choix, le concessionnaire sera soumis au contrôle et à la surveillance de l'administration. Ce contrôle et cette surveillance auront uniquement pour objet d'empêcher le concessionnaire de s'écarter des dispositions qui lui sont prescrites par le Cahier des charges.

Art. 11.

Lorsque les travaux seront terminés, il sera procédé à leur réception par un ou plusieurs commissaires que l'administration désignera. Ces commissaires feront l'épreuve du système de locomotion, du système de retenue et des freins dont les voitures et les wagons devront être munis.

Le procès-verbal de réception des travaux du chemin de fer et des épreuves mentionnées ci-dessus, qui sera dressé par les commissaires délégués, ne sera valable qu'après homologation par l'administration supérieure.

Après cette homologation le concessionnaire pourra mettre en service le chemin de fer et y percevoir les prix de transport ci-après déterminés.

Les épreuves ci-dessus mentionnées seront renouvelées, aux frais du concessionnaire, toutes les fois que l'administration le jugera convenable.

Art. 12.

Après l'achèvement total des travaux, le concessionnaire fera faire à ses frais un plan cadastral du chemin de fer et de ses dépendances, un état descriptif du tunnel et des gares établies conformément aux conditions du présent Cahier des charges. Ce plan cadastral et cet état descriptif seront déposés au Ministère des travaux publics.

Art. 13.

Le chemin de fer et toutes ses dépendances seront constamment entretenus en bon état et de manière que la circulation soit toujours facile et sûre.

L'état du chemin et de ses dépendances sera reconnu annuellement, et plus souvent en cas d'urgence ou d'accidents, par un ou plusieurs commissaires que l'administration désignera.

Les frais d'entretien et ceux de réparations soit ordinaires, soit extraordinaires resteront à la charge du concessionnaire.

1. La phrase soulignée ayant été par erreur omise dans le présent Cahier des charges, le concessionnaire en a demandé le rétablissement, rétablissement qui lui a été accordé par une lettre du Ministre des travaux publics en date du 1er novembre 1869.

Pour ce qui regarde cet entretien et ces réparations, le concessionnaire demeure soumis au contrôle et à la surveillance de l'administration.

Si le chemin de fer, une fois achevé, n'est pas constamment entretenu en bon état, il y sera pourvu d'office à la diligence de l'administration et aux frais du concessionnaire.

Art. 14.

Les frais de visite, de surveillance et de réception des travaux, ainsi que les frais de surveillance de l'exploitation seront supportés par le concessionnaire. Ces frais seront réglés à raison de quinze cents francs par an pendant la construction et pendant l'exploitation. Le concessionnaire sera tenu de verser le montant à la caisse du Ministère des travaux publics pour être distribué à qui de droit.

Art. 15.

Si, dans un délai de dix mois à dater de la signature de la convention, le concessionnaire ne s'est pas mis en mesure de justifier de ses moyens pour terminer les travaux qu'il s'est chargé d'exécuter, et s'il ne les a pas effectivement commencés, il sera déchu de plein droit de la concession du chemin de fer, et sans qu'il y ait lieu à aucune mise en demeure, ni notification quelconque.

Dans le cas de déchéance prévu dans cet article, la somme déposée, ainsi qu'il sera dit à l'art. 31, à titre de cautionnement, deviendra la propriété de l'État et restera acquise au Trésor.

Art. 16.

Faute par le concessionnaire d'avoir entièrement exécuté et terminé les travaux à sa charge dans les délais fixés (art. 1er), il encourra une amende de cent francs par chaque jour de retard, et au bout d'une année de retard la déchéance.

Dans ce cas, on essayera de pourvoir à la continuation des travaux et à leur achèvement par le moyen d'une adjudication qu'on ouvrira sur les clauses du présent Cahier des charges et sur une mise à prix des terrains achetés, des ouvrages construits et des matériaux approvisionnés.

Le concessionnaire recevra la valeur que l'adjudication aura déterminée.

Si l'adjudication ouverte pendant trois mois n'amène aucun résultat, une seconde adjudication sera tentée sur les mêmes bases après un délai de deux mois, et si cette seconde tentative qui durera cinq mois n'amène aucun résultat, le concessionnaire sera définitivement déchu de tous ses droits à la concession, et les portions de chemin déjà exécutées, ainsi que les emplacements des gares et autres dépendances du chemin de fer deviendront immédiatement et gratuitement la propriété de l'État.

Art. 17.

En cas d'interruption de l'exploitation du chemin de fer, l'administration prendra immédiatement, aux frais, risques et périls du concessionnaire, les mesures nécessaires pour assurer provisoirement le service.

Si, dans les trois mois de l'organisation du service provisoire, le concessionnaire n'a pas valablement justifié des moyens de reprendre et continuer le service, et s'il ne l'a pas effectivement repris, le concessionnaire sera déchu de ses droits, et il sera procédé à une adjudication, puis à une seconde, s'il y a lieu, et enfin à la prise en jouissance par le Gouvernement, ainsi qu'il est dit à l'article 16.

Art. 18.

Les dispositions des articles 15, 16 et 17 ne seront point applicables au cas où le retard ou la cessation des travaux, ou l'interruption de l'exploitation proviendront de forces majeures régulièrement constatées.

Art. 19.

Des règlements d'administration publique rendus, après que le concessionnaire aura été entendu, détermineront les mesures et les dispositions nécessaires pour assurer la police, et la conservation du chemin de fer et des ouvrages qui en dépendent.

Les dépenses qu'entraîneront ces dispositions et ces mesures restent à la charge du concessionnaire.

Art. 20.

Le concessionnaire sera tenu de soumettre à l'approbation de l'administration les règlements de toute nature qu'il fera pour le service et l'exploitation du chemin de fer.

Art. 21.

Les machines destinées à opérer le mouvement seront construites sur les meilleurs modèles; elles devront satisfaire à toutes les conditions prescrites par le Gouvernement pour la mise en exploitation de cette classe de machines et notamment consumer leur fumée.

Il y aura double système de machines et de chaudières, de sorte qu'en cas de réparation d'un système, il y ait un autre système de rechange pour assurer la continuité du service.

Les voitures de voyageurs devront également être du meilleur modèle et seront suspendues.

Il y aura deux classes de places séparées pour hommes et pour dames; ces deux classes de places pourront être réunies dans la même voiture.

Les voitures devront remplir les conditions réglées ou à régler pour les voitures qui servent aux transports des personnes.

Elles devront être disposées de manière que les voyageurs n'éprouvent aucune incommodité au passage du plan incliné sur les paliers horizontaux des gares et vice-versa.

Vu le peu de longueur du trajet, le concessionnaire pourra établir un certain nombre de places où le voyageur se tiendra debout, dans les secondes classes; par suite les voitures devront être disposées en conséquence.

Les wagons de marchandises et de bestiaux, et les plates-formes seront également de bonne et solide construction.

Chaque voiture sera munie d'un frein pouvant fonctionner de lui-même en cas de rupture du câble, dans le genre de celui de la Croix-Rousse, et d'après le modèle déposé au Ministère des travaux publics.

Les machines et le matériel roulant pour la première mise en exploitation du chemin de fer seront affranchis de tout droit de douane.

Art. 22.

Pour indemniser le concessionnaire des travaux et dépenses qu'il s'engage à faire par le présent Cahier des charges, et sous la condition expresse qu'il en remplira exactement toutes les obligations, le Gouvernement lui accorde pour un laps de quarante deux ans, à dater de l'époque fixée pour l'achèvement des travaux formant l'objet de la présente concession, l'autorisation de percevoir les prix de péage et de transport ci-après déterminés.

Les poids seront comptés par série de 10 okes ou multiples de 10 okes : ainsi tout poids compris entre 0 et 10 okes payera comme 10 okes; entre 10 et 20 comme 20 okes, etc. [1].

L'administration déterminera par des règlements spéciaux, le concessionnaire entendu, le maximum de vitesse des convois, le nombre des voitures ou wagons dont se composera chaque convoi, et, au besoin, le poids maximum de chaque voiture ou wagon.

A moins d'autorisation spéciale et révocable de l'administration, tout convoi régulier de voyageurs devra contenir en quantité suffisante des places des deux classes destinées aux personnes qui se présenteront dans les bureaux du chemin de fer.

Le concessionnaire pourra introduire dans un même convoi des voitures à voyageurs et des wagons à marchandises.

Les tarifs évalués en monnaie de cuivre sont fixés au maximum, comme il suit :

Voyageurs.

Tout voyageur au-dessus de cinq ans
- 1re Classe — 2 Piastres
- 2me Classe — 1 Piastre

Au-dessous de cinq ans, les enfants ne payeront rien à la condition d'être portés sur les bras ou les genoux des personnes qui les accompagnent.

Les militaires en uniforme payeront moitié prix, les officiers exceptés.

Marchandises.

Jusqu'à 10 okes inclusivement.............	Vingt paras [2]
De 10 okes à 20 okes....................	Quarante paras
Du 20 à 30 okes.......................	Soixante paras
Par chaque 10 okes en sus................	Dix paras

Animaux ou bétail.

Bœufs, vaches, taureaux, mulets, bêtes de trait.........	Trois piastres.
Veaux, porcs, moutons, brebis, agneaux, chèvres.......	Deux piastres.
Un cheval attelé avec la voiture....................	Six piastres.
Une voiture seule...............................	Quatre piastres.
Une voiture chargée de marchandises................	Dix piastres.

Dans le cas où le concessionnaire jugerait convenable d'abaisser au-dessous des limites déterminées par le tarif les prix qu'il est autorisé à percevoir, les taxes abaissées ne pourront être relevées qu'après un délai de trois mois au moins.

Tous changements apportés dans les tarifs seront annoncés un mois d'avance par des affiches. Ils devront d'ailleurs être homologués par décision de l'administration prise sur la proposition du concessionnaire.

La perception des taxes devra se faire par le concessionnaire indistinctement et sans aucune faveur. Dans le cas où le concessionnaire aurait accordé à un ou plusieurs expéditeurs une réduction sur les prix portés au tarif, avant de la mettre à exécution, il devra en donner connaissance à l'administration.

Art. 23.

Tout voyageur dont le bagage ne pèsera pas plus de 20 okes et qui ne sera pas encombrant ni gênant pour les autres voyageurs, n'aura à payer pour le port de ce bagage aucun supplément du prix de sa place, en tant que ce bagage sera porté à la main et accompagnera le voyageur.

Art. 24.

Les prix déterminés au tarif précédent (art. 22) ne sont point applicables : 1° à toute masse indivisible pesant plus de 1600 okes; 2° aux denrées qui, sous un volume de un mètre cube, ne pèsent pas 160 okes.

Pour ces exceptions, comme pour tout ce qui n'est pas prévu au tarif précédent, le concessionnaire aura le droit de percevoir un prix proportionnel au tarif déjà admis et approuvé par l'administration avant son application.

Art. 25.

Au moyen de la perception des prix réglés, ainsi qu'il vient d'être dit, et sauf les exceptions stipulées au présent Cahier des charges, le concessionnaire effectuera avec soin, exactitude et célérité le transport des voyageurs, bestiaux, denrées, et objets quelconques qui lui seront confiés. Les bestiaux, denrées, marchandises et objets quelconques seront transportés dans leur numéro d'enregistrement.

Les prix relatifs aux transports non prévus, ainsi que les frais accessoires non mentionnés au tarif, tels que ceux de chargement, de déchargement et d'entrepôt dans les gares et magasins du chemin de fer seront fixés annuellement par un règlement qui sera soumis à l'approbation supérieure.

Les expéditeurs ou destinataires resteront libres de faire eux-mêmes le factage et le camionnage de leurs marchandises, et le concessionnaire n'en sera pas moins tenu à leur égard de remplir les obligations du présent article.

Dans le cas où le concessionnaire consentirait, pour le factage et le camionnage des marchandises, des arrangements à un ou plusieurs expéditeurs, il sera tenu avant de les mettre à exécution d'en informer l'administration, et ces arrangement profiteront également à tous ceux qui lui en feraient la demande.

Il sera permis au concessionnaire de faire directement ou indirectement des entreprises de transport pour amener les marchandises au chemin de fer, et pour distribuer dans la ville celles que le chemin de fer aura transportées.

Art. 26.

Les ingénieurs, inspecteurs de l'exploitation et commissaires attachés à la surveillance et au contrôle du chemin de fer seront transportés gratuitement dans les voitures du concessionnaire.

La même faculté est accordée aux pompes et aux pompiers en cas d'incendie.

Art. 27.

Le Gouvernement se réserve la faculté de faire, le long des voies, toutes les constructions, de poser tous les appareils nécessaires à l'établissement d'une ligne télégraphique. Il se réserve aussi le droit de faire toutes les réparations et de prendre toutes les mesures propres à assurer le service de la ligne télégraphique, sans nuire au service du chemin de fer.

Art. 28.

A toute époque, après l'expiration des quinze premières années, à dater du délai fixé par l'art. 1er pour l'achèvement des travaux, le Gouvernement aura la faculté de racheter la concession du chemin de fer. Pour régler le prix du rachat on relèvera les produits nets annuels obtenus par le concessionnaire pendant les sept dernières années qui auront précédé celle où le rachat sera effectué, on déduira les produits nets des deux plus faibles années, et l'on établira le produit net moyen des cinq autres années. Ce produit net formera le montant d'une annuité qui sera due et payée au concessionnaire pendant chacune des années restant à courir sur la durée de la concession. Dans aucun cas, le montant de l'annuité ne sera inférieur au produit net de la dernière des sept années prises pour terme de comparaison.

Le concessionnaire recevra, en outre, dans les trois mois qui suivront le rachat, les remboursements auxquels il aura droit, à l'expiration de la concession, selon l'article ci-après.

Art. 29.

A l'époque fixée pour l'expiration de la présente concession et par le seul fait de cette expiration, le Gouvernement sera subrogé à tous les droits du concessionnaire dans la propriété des terrains et des ouvrages désignés au plan cadastral.

Il entrera immédiatement en jouissance du chemin de fer et de ses dépendances, tels que gares, lieux de chargement et de déchargement, établissements aux points de départ et d'arrivée, bureau de perception, machines fixes, câbles de traction et en général tous autres objets immobiliers qui n'auront pas pour destination distincte et spéciale le service des transports.

Dans les cinq dernières années qui précéderont le terme de la concession, le Gouvernement aura le droit de mettre saisie-arrêt sur les revenus du chemin de fer, et de les employer à rétablir en bon état le chemin et toutes ses dépendances, si le concessionnaire ne se mettait pas en mesure de satisfaire pleinement et entièrement à cette obligation.

Quant aux objets mobiliers, tels que voitures, wagons, chariots, matériaux, combustibles et approvisionnements de tous genres, l'État sera tenu de les reprendre à dire d'experts, si le concessionnaire le requiert, et réciproquement, si l'État le requiert, le concessionnaire sera tenu de les céder également à dire d'experts.

Toutefois l'État ne sera tenu de reprendre que les approvisionnements nécessaires à l'entretien ou l'exploitation pendant six mois.

La concession expirée, si le Gouvernement ne veut pas exploiter lui-même le chemin de fer de Galata à Péra, et si le Gouvernement veut mettre l'exploitation en adjudication, à conditions égales la préférence sera donnée au concessionnaire dont la concession vient de finir.

Art. 30.

Toute exécution ou toute autorisation de routes ou chaussées entre Galata et Péra ne pourra donner ouverture à aucune indemnité de la part du concessionnaire.

Mais si le Gouvernement voulait autoriser ou concéder un chemin de fer analogue avec traction par machine fixe, entre Galata et Péra, dans un rayon de deux kilomètres de chaque côté de l'axe du chemin de fer présentement concédé, ou à Stamboul, le concessionnaire aurait la préférence, à conditions égales.

Art. 31.

Avant la signature de la convention, le concessionnaire sera tenu de déposer à titre de cautionnement : 1° au Trésor impérial une somme de quinze cents livres Ottomanes effectives ou en obligations de la dette générale de l'Empire au cours du jour, dont les intérêts seront servis au dépositaire, et qui ne lui sera rendue qu'après l'achèvement complet des travaux [1].

2° *Les études et projets dudit chemin de fer seront acquis au Gouvernement après le décret de concession* [2].

En cas de déchéance prévue à l'article 15, le cautionnement sera acquis au Gouvernement.

---

1. Une ocque égale 1283 grammes.
2. Dix paras égalent cinq centimes.

---

1. Ce dépôt a été fait le 29 juin 1869, en or, avec 8 pour 100 d'intérêts payables au mois de février.
2. La phrase soulignée a été ajoutée par erreur, mais sur la réclamation du concessionnaire elle a été annulée par une lettre du 1er novembre 1859 du Ministre des travaux publics.

ART. 32.

Le concessionnaire sera tenu de verser dans la caisse du Trésor impérial un et demi pour cent des bénéfices nets du chemin, et de payer pour les bâtiments et magasins dépendant de l'exploitation la même contribution foncière que d'autres propriétaires.

ART. 33.

Le concessionnaire devra faire élection de domicile à Galata ou à l'Éra.

Il sera soumis aux lois générales de l'Empire ottoman, existantes ou à intervenir; mais il est entendu que les individus d'origine étrangère, au service du concessionnaire, resteront sous la protection de leur Gouvernement suivant les traités en vigueur.

ART. 34.

Les contestations qui s'élèveraient entre le concessionnaire et l'administration au sujet de l'exécution ou de l'interprétation des clauses du présent Cahier des charges seront jugées par le Conseil d'État.

Constantinople, 2 Chaban 1286 (6 Novembre 1869).

(Apposé) *Cachet du Mustechar du Ministère des travaux publics.*

Le Ministre des travaux publics,
(Signé) DAVOUD.

L'Ingénieur concessionnaire,
(Signé) E. GAVAND.

TRAITÉ D'ASSOCIATION POUR LE METROPOLITAN RAILWAY OF CONSTANTINOPLE, FROM GALATA TO PERA (LIMITED) (CHEMIN DE FER MÉTROPOLITAIN DE CONSTANTINOPLE, DE GATATA A PERA (LIMITED).

1. La Compagnie prend le nom de « THE METROPOLITAN RILWAY OF CONSTANTINOPLE, FROM GALATA TO PERA (LIMITED). »

2. Le siége social de la Compagnie sera à Londres.

3. La Compagnie est fondée dans le but :

1° D'acquérir la concession du chemin de fer souterrain de Galata à Péra dans la ville de Constantinople, concession accordée par le Gouvernement ottoman à M. Gavand;

2° De construire, d'entretenir et d'exploiter ledit chemin de fer conformément aux clauses et conditions du cahier des charges de ladite concession;

3° D'obtenir, d'acheter, d'acquérir et de mener à bonne fin d'autres concessions pour la construction, l'entretien et l'exploitation d'embranchements et autres travaux publics pouvant se rattacher audit chemin de fer;

4° D'acquérir ou de construire tous les ateliers, magasins de machines, bureaux et autres bâtiments, et d'acheter ou de louer les terrains et propriétés qui seraient jugés convenables dans ce but;

5° De vendre ou d'affermer, soit à une autre Compagnie, soit à des particuliers, soit au Gouvernement ottoman, tout ou partie des propriétés ou du trafic de la Compagnie indépendants du chemin de fer dont il s'agit, et avec approbation de la Sublime Porte, tout ou partie du chemin de fer lui-même;

6° De fusionner avec toute autre Compagnie, sauf également autorisation préalable de la Sublime Porte;

7° De faire tout ce qui incidemment pourrait faciliter l'accomplissement des propositions qui précèdent.

4. Les actionnaires n'ont qu'une responsabilité limitée.

5. Le capital de la Compagnie est de 250 000 livres sterling, divisé en 12 500 actions de 20 livres sterling chacune.

Nous, soussignés, désirons constituer une société pour l'exécution de ces statuts, et déclarons respectivement souscrire dans le capital de la Compagnie le nombre d'actions inscrit à la suite de notre nom.

(Suivent les signatures des souscripteurs au traité d'association.)

STATUTS DE LA SOCIÉTÉ DU METROPOLITAN RAILWAY OF CONSTANTINOPLE FROM GALATA TO PERA (LIMITED). (CHEMIN DE FER MÉTROPOLITAIN DE CONSTANTINOPLE, DE GALATA A PERA (LIMITED.)

Les statuts de la Compagnie, formée en vertu du traité d'association ci-joint, seront les suivants :

1. Les dispositions du tableau A. de l'état N° 1 du « Companies Act » de 1862 ne sont pas applicables à cette Compagnie si elles ne se trouvent expressément répétées dans ces statuts.

Capital social.

2. Le capital-actions de la Compagnie sera de 12 500 actions de 20 livres chacune.

Augmentation du capital social.

3. Les administrateurs peuvent, après avoir obtenu l'autorisation de la Sublime Porte et celle de l'assemblée générale, augmenter le capital social par l'émission de nouvelles actions. Le chiffre de cette augmentation, le montant de ces actions, le droit de préférence dont elles pourraient jouir, ou le retard qu'elles pourraient subir, tant pour la distribution du dividende que pour la répartition de l'actif social, seront laissés à la libre appréciation et proposition des administrateurs.

4. Le capital souscrit par la création de nouvelles actions sera considéré comme partie intégrante du capital social originaire, et sera soumis, en ce qui concerne les versements, la confiscation par suite du défaut de payement des versements, la conversion en inscriptions, l'émission de certificats d'actions, etc., aux mêmes conditions résultant des présents statuts que le capital originaire.

5. Dans le cas où un emprunt serait contracté pour les besoins de la Compagnie avec la condition que les obligations représentant cet emprunt pourraient être converties en actions, ou inscriptions, les administrateurs auront la faculté, sous les conditions stipulées par l'article 3, de créer et d'émettre de nouvelles actions, soit semblables aux autres, soit avec un droit de préférence, soit avec condition de retard, telles en un mot qu'ils le jugeront nécessaire pour effectuer cette conversion.

Obligations.

6. Outre le capital-actions de la Compagnie, les administrateurs pourront créer et émettre des obligations jusqu'au chiffre total de 250 000 livres sterling. Le montant nominal de chaque obligation, l'époque et le mode des versements, le taux de l'intérêt et les conditions du remboursement seront à la convenance réciproque des administrateurs de la Compagnie et des souscripteurs. Lesdites obligations auront un droit de préférence de premier ordre sur le chemin de fer et sur son matériel roulant.

7. En cas de défaut de payement, soit du principal, soit des intérêts payables sur ces obligations, et dans le cas où une procédure serait entamée pour obtenir le bénéfice de la garantie donnée par les articles précédents, le montant total desdites obligations deviendra immédiatement exigible, avec les intérêts au taux ci-dessus établi jusqu'au jour du payement; cette opération se fera au profit de tous les porteurs d'obligations *ex æquo*, et proportionnellement au nombre de leurs titres. Mais, jusqu'à ce que ce défaut de payement soit constaté, il n'y aura qu'une garantie nominale, qui ne pourra empêcher aucune vente ou partage de la part de la Compagnie, ni autoriser l'ingérence d'un porteur d'obligations relativement au matériel roulant, ou à toute autre propriété de la Compagnie affectée en garantie.

Actions.

8. Relativement aux dispositions de l'article 4 et à la troisième clause de la concession dont il s'agit, et en ce qui concerne le nouveau capital émis en vertu d'une autorisation de l'assemblée générale, les administrateurs pourront, soit immédiatement, soit plus tard, émettre, au nombre des actions stipulées par les articles 2 et 3, un certain nombre d'actions et les allouer aux personnes et d'après les conditions qu'ils jugeront à propos, ainsi qu'au moment qu'ils trouveront le plus convenable; et les actions qui seraient données, soit en payement partiel, soit en payement intégral de propriétés transférées à la Compagnie, ou bien pour services rendus, seront délivrées entièrement libérées, et considérées comme telles. Conformément à l'article 3 de la concession, à chaque émission de titres, la préférence sera réservée jusqu'à concurrence des deux cinquièmes aux souscripteurs ottomans.

9. Si plusieurs personnes figurent comme copropriétaires d'une action, l'une quelconque de ces personnes pourra valablement acquitter les reçus des dividendes payés pour cette action.

10. Moyennant le payement de 5 shillings, ou d'une somme inférieure à fixer par l'assemblée générale, tout actionnaire aura droit à un certificat revêtu du sceau de la Compagnie, et indiquant l'action ou les actions qu'il possède, ainsi que les versements effectués. Dans le cas où ce certificat viendrait à être usé, ou perdu, il pourra être renouvelé moyennant le payement de 5 shillings, ou d'une somme inférieure à fixer par l'assemblée générale.

11. Les administrateurs auront la faculté de commencer et de poursuivre, en tout ou en partie, les travaux de la Compagnie dès qu'ils le jugeront à propos, lors même que le capital n'aurait pas été entièrement souscrit.

---

1. En cours d'exécution, les modifications suivantes furent apportées au Cahier des charges : 1° la réduction du diamètre du tunnel de 7^m,70 à 6^m,70 (lettre du 13-25 mars 1871, le Ministre des travaux publics à M. Gavand) ; 2° le délai pour l'achèvement des travaux fixé au 2 janvier 1875, et la fin de la concession au 2 janvier 1917 (lettre du 24 juin 1872, le Ministre des travaux publics à M. Gavand).

Versements à faire sur les actions.

12. Les administrateurs pourront, en tout temps et comme ils le jugeront convenable, appeler toutes les sommes qui resteraient à verser sur les actions, pourvu que les actionnaires en soient informés au moins 21 jours à l'avance; et tout actionnaire sera tenu de verser les fonds ainsi appelés aux bureaux de la Compagnie ou au lieu et à l'époque fixés par les administrateurs, ainsi qu'entre les mains des personnes désignées par eux à cet effet.

13. L'appel de fonds sera réputé avoir été fait à la date du jour où la décision aura été prise par les administrateurs.

14. En cas de défaut de versement au jour fixé, le porteur d'une action qui se trouverait dans ce cas sera tenu de payer l'intérêt de la somme restant due, à raison de 10 pour 100 par an, depuis le jour fixé pour le payement jusqu'au jour où le payement aura été effectué.

15. Les administrations pourront, à leur gré, recevoir d'avance, de la part des actionnaires, tout ou partie ces sommes restant à verser sur leurs actions et qui ne seraient pas encore appelées. Les sommes ainsi encaissées d'avance, ou celles d'entre elles qui viendraient en excédant du montant des appels déjà faits, pourront d'après des conventions passées entre les administrateurs et les actionnaires, être considérés soit comme des versements anticipés sur les actions donnant au porteur droit à un dividende qui sera de temps en temps assigné à la portion du capital versée par suite des appels de fonds, ou réputée telle, soit comme des emprunts faits à un taux d'intérêt et aux conditions convenus entre les administrateurs et les actionnaires.

Transfert des actions.

16. La formalité du transfert d'une action de la Compagnie sera faite tant par le transférant que par le transféré, et le transférant sera réputé porteur du titre jusqu'au moment où le nom du transféré aura été inscrit sur le registre. Tout acte de transfert sera déposé à la Compagnie.

17. Les actions de la Compagnie seront transférées de la manière suivante, ou avec les modifications que les circonstances rendraient nécessaires :

« Je, soussigné, A. B. (de   ), en raison de la somme

« de   qui m'a été payée par C. D. (de   )

« déclare transférer par les présentes audit Sr. C. D. l'action (ou les actions)

« portant les Nos   qui figurent en mon nom dans les écri-

« tures du « Metropolitan Railway of Constantinople, from Galata to Pera (Limi-

« ted) »; et ledit Sr C. D., ses exécuteurs testamentaires, ses représentants, ou

« ses fondés de pouvoirs (ou, si le cas se présentait, leurs héritiers ou fondés

« de pouvoirs) demeurera soumis aux diverses conditions auxquelles je les ai

« souscrites. Et je soussigné C. D. consens par les présentes à accepter cette

« action (ou ces actions) à ces mêmes conditions. »

« En foi de quoi, etc. »

18. Les administrateurs peuvent refuser d'enregistrer le transfert qui serait fait par un actionnaire débiteur de la Compagnie, et, dans le cas où il s'agirait d'actions non libérées, s'opposer à un transfert qu'ils n'approuveraient pas.

19. Les registres des transferts peuvent être clos pendant les 15 jours qui précèdent immédiatement l'assemblée générale ordinaire de chaque année, et à d'autres époques fixées par les administrateurs, pourvu que cela ne dépasse pas 15 autres jours.

Transmission des actions.

20. Les exécuteurs testamentaires, ou les représentants d'un actionnaire décédé, ou les personnes autorisées par les tribunaux, seront seuls reconnus par la Compagnie comme ayant quelque droit sur cette action.

21. Toute personne devenant propriétaire d'une action par suite de décès, de banqueroute, ou d'insolvabilité d'un actionnaire, ou bien par suite du mariage d'un actionnaire du sexe féminin, sera inscrit comme actionnaire, à la charge par elle d'en fournir la preuve, ainsi que les administrateurs seront en droit de le lui demander à toute époque. Si elle ne veut pas être inscrite elle-même, elle pourra désigner une personne de son choix, au nom de laquelle l'action sera transférée : mais dans le cas où il s'agirait d'actions non libérées, cette désignation serait subordonnée à l'approbation des administrateurs.

22. La personne devenue propriétaire de cette façon fera la déclaration du nom de la personne qu'elle aura choisie en signant un acte de transfert portant le nom de cette personne.

23. L'acte de transfert sera présenté à la Compagnie avec toutes les justifications que les administrateurs pourront demander au transférant à l'appui de son titre, et ce n'est qu'ensuite que le transféré sera inscrit par la Compagnie comme actionnaire.

24. Avant d'enregistrer un transfert d'actions, la Compagnie pourra exiger du transféré le payement d'une somme fixée par elle à l'époque qui lui conviendra, mais qui n'excédera pas 2 s. 6 d.

Confiscation des actions.

25. Si un actionnaire n'effectue pas un versement au jour fixé, les administrateurs pourront, à toute époque postérieure, et pendant tout le temps que le versement resterait impayé, le mettre en demeure pour l'obliger à acquitter cette somme, ainsi que les intérêts et toutes les dépenses qui seraient résultées de ce défaut de payement.

26. L'acte de mise en demeure désignera le jour ultérieur auquel, ou avant lequel, devra être acquitté ce versement, ainsi que les intérêts et les dépenses qui seraient venues s'y ajouter. Elle désignera aussi le lieu où ce payement devra être fait, et qui sera soit le siège social de la Compagnie, soit les bureaux de ses banquiers, soit tout autre endroit où se font d'ordinaire les versements pour la Compagnie. L'acte de mise en demeure mentionnera également qu'en cas de défaut de payement au jour et au lieu désignés les actions dont il s'agit encourront la confiscation.

27. Si cette mise en demeure reste sans effet, toute action pour laquelle ladite mise en demeure aura été faite pourra être confisquée à toute époque en vertu d'une décision des administrateurs.

28. Toutes les actions ainsi confisquées seront réputées être la propriété de la Compagnie, et pourront être revendues de la manière que les administrateurs le jugeront à propos.

29. Le prix provenant de la vente de ces actions, déduction faite des frais, s'imputera dans les termes de droit sur ce qui sera dû à la société par l'actionnaire exproprié, qui restera passible de la différence, s'il y a déficit, mais qui profitera de l'excédant, s'il en existe.

30. Une déclaration inscrite, constatant que le versement à faire sur une action a été appelé et que la mise en demeure a été faite, ou bien que le porteur avait vis-à-vis de la Compagnie une dette exigible et qu'il a été cité, que le défaut de payement de ce versement ou de cette dette (selon le cas) a été constaté, que la confiscation ou la vente de l'action a été faite en vertu d'une décision rendue dans ce sens par les administrateurs, suffira pour établir ces faits contre tous les porteurs d'actions qui se trouveraient dans cette situation. Pour toutes les ventes d'actions ordonnées par les administrateurs, la déclaration ci-dessus, et le reçu, signé par deux administrateurs de la Compagnie, de la somme représentant le prix de l'action, constitueront un titre suffisant. Un certificat de propriété sera délivré à l'acheteur qui sera ainsi réputé porteur de cette action libérée de tous les versements antérieurs à cette vente. L'acheteur n'aura pas à se préoccuper de l'emploi de l'argent qu'il aura déboursé, et son titre ne sera jamais entaché par aucune irrégularité dans la procédure relative à cette confiscation ou à cette vente. Le recours contre un actionnaire dont le titre aurait été ainsi vendu se bornera au montant du dommage causé.

31. Les administrateurs pourront, à leur gré, annuler ou faire remise de la confiscation dans l'année qui la suivra, pourvu qu'il y ait eu payement de toutes les sommes restant dues à la Compagnie par le dernier ou les derniers porteurs de l'action confisquée, ainsi que de toutes les dépenses encourues de ce fait.

Inscription des actions.

32. Les administrateurs pourront, après y avoir préalablement été autorisés par l'assemblée générale, convertir en inscriptions les actions de la Compagnie, qu'elles aient été réellement payées, ou qu'elles soient réputées telles, et quelle que soit leur dénomination.

33. Dès que les actions auront été converties en inscriptions, les différents porteurs de ces titres pourront transférer tout ou partie de leurs droits, pourvu qu'il ne s'agisse pas de coupures inférieures à une livre sterling nominale. Ce transfert se fera de la même manière, et sera soumis aux mêmes conditions que le transfert de toutes les actions composant le capital de la Compagnie, du moins autant que les circonstances le permettront.

34. Les différents porteurs d'inscriptions auront le droit de participer aux dividendes et aux profits de la Compagnie proportionnellement à la somme pour laquelle ils sont intéressés ; ils participeront aussi, respectivement et proportionnellement, pour le vote à l'assemblée générale et dans d'autres circonstances, à tous les privilèges et avantages qui appartiendraient à une part correspondante dans le capital de la Société ; mais cela de telle façon que, sauf en ce qui concerne les dividendes et les profits de la Compagnie, ces privilèges et avantages n'appartiennent pas à une part du fonds consolidé dont la quotité ne serait pas, si elle existait en actions, assez grande pour les conférer.

Certificats d'actions.

35. La Compagnie peut émettre des certificats d'actions pour les actions entièrement libérées et pour les inscriptions.

36. Le porteur d'un certificat d'actions sera considéré comme un actionnaire de la Compagnie, en se soumettant aux présents statuts.

Assemblées générales.

37. La première assemblée générale aura lieu, dans les quatre mois qui suivront la constitution de la société, à l'époque et au lieu désignés par les administrateurs. Une assemblée générale se tiendra ensuite chaque année à l'époque et au lieu désignés par les administrateurs.

38. Le jour, le lieu et l'heure de la réunion devront être annoncés au moins trente jours à l'avance.

39. Ces assemblées générales s'appelleront assemblées ordinaires; toutes les autres s'appelleront assemblées extraordinaires.

40. Les administrateurs pourront, lorsqu'ils le jugeront à propos, convoquer une assemblée générale extraordinaire; ils seront tenus de le faire lorsque la demande leur en sera adressée par des actionnaires de la Compagnie réunissant en actions, ou en inscriptions, un capital nominal de 50,000 livres sterling.

41. Toute demande d'assemblée générale faite par les actionnaires mentionnera l'objet pour lequel la réunion est demandée, et sera déposée, ou envoyée par la poste, au siège social de la Compagnie.

42. Dès la réception de cette demande, les administrateurs devront procéder aussitôt que possible à la convocation d'une assemblée générale spéciale. Dans le cas où ils n'auraient pas eux-mêmes convoqué cette assemblée dans le délai de 30 jours à dater de la demande, les pétitionnaires, ou tous autres membres porteurs d'une quan-

tité suffisante d'actions ou d'inscriptions, pourront eux-mêmes convoquer une assemblée générale extraordinaire.

43. Les actionnaires seront informés, au moins 21 jours à l'avance, du lieu, du jour et de l'heure de l'assemblée; et dans le cas où il s'agirait d'affaires spéciales, ils seront également informés de la nature de ces affaires de la manière mentionnée ci-après, ou de toute autre manière prescrite par la Compagnie en assemblée générale. Le fait qu'un actionnaire n'en aurait pas été informé n'invalidera pas les délibérations de l'assemblée générale.

Délibérations des assemblées générales.

44. Seront réputées affaires spéciales toutes celles qui seront traitées dans une assemblée extraordinaire, et aussi celles qui seront traitées dans les assemblées ordinaires, à l'exception de la fixation des dividendes, des élections d'administrateurs, de l'examen des comptes, des balances et du rapport ordinaire des administrateurs et des censeurs, ainsi que des décisions résultant de ce rapport, ou relatives au trafic ordinaire de la Compagnie.

45. Tout actionnaire, pourra, soit dans une assemblée ordinaire, soit dans une assemblée extraordinaire, faire une proposition, ou proposer une résolution relative aux affaires de la Compagnie, pourvu qu'il en ait envoyé ou déposé avis au siège social avant la publication de la convocation de cette assemblée.

46. Sauf la fixation du dividende, aucune affaire ne sera traitée en assemblée générale, à moins qu'au moment de l'ouverture des délibérations les actionnaires présents, ou représentés par procuration, soient porteurs d'actions, ou d'inscriptions, formant un total de L. S. 20,000 au moins.

47. Si, une heure après celle fixée pour l'assemblée, le nombre des membres présents n'était pas suffisant, elle sera dissoute dans le cas où elle aurait été convoquée à la demande des actionnaires. Dans tout autre cas, elle s'ajournera au même jour de la semaine suivante, à la même heure et au même endroit; et si, à une séance ainsi prorogée, il ne se trouvait pas le nombre de membres nécessaires, on traiterait néanmoins les affaires, quel que soit le nombre des membres présents.

48. Le président du conseil d'administration (s'il en est nommé un) présidera toutes les assemblées générales de la Compagnie.

49. Si le président ne pouvait pas assister à la séance, ou s'il n'en avait pas été nommé un, ou si un quart d'heure après l'heure fixée pour la séance, il ne se trouvait pas présent, les administrateurs présents choisiraient parmi eux quelqu'un pour présider.

50. Le président peut, avec l'autorisation de l'assemblée, ajourner l'heure et modifier le lieu de la réunion; mais aucune affaire ne pourra être traitée dans une assemblée ajournée, qui n'aurait pas dû être traitée dans la réunion où l'ajournement a été prononcé.

51. Pour les assemblées générales, à moins que le scrutin n'ait été demandé par cinq membres au moins, le vote aura lieu par assis et levé, et il suffira d'une simple déclaration du président qu'une résolution a été prise, et de l'enregistrement de cette résolution dans les registres de la Compagnie, pour lui donner force de loi, sans qu'il soit besoin de spécifier le nombre, ou la proportion des voix pour ou contre cette résolution.

52. Si le scrutin est demandé par cinq membres au moins, il aura lieu sous la direction du président, et le résultat de ce vote sera considéré comme résolution prise par la Compagnie en assemblée générale. En cas de partage des voix celle du président sera prépondérante.

53. Il sera pris acte, dans des registres préparés à cet effet, de toutes les délibérations et résolutions des assemblées générales; et ces déclarations, une fois revêtues de la signature du président du conseil d'administration, ou de la personne qui en a rempli les fonctions, seront considérées comme une preuve suffisante des faits qui y sont relatés.

Vote des membres.

54. Les actionnaires auront une voix par chacune des actions dont ils seront porteurs.

55. Aucun porteur de certificat d'actions ne sera admis à voter s'il n'a déposé ledit certificat au siège social de la Compagnie trois jours francs avant celui de l'assemblée.

56. Si un actionnaire est interdit par suite de folie ou d'imbécillité, son conseil judiciaire, son curateur aux biens ou tout autre curateur légal, sera admis à voter pour lui.

57. Si deux ou plusieurs personnes sont copropriétaires d'une ou de plusieurs actions, ce sera celui dont le nom sera inscrit le premier sur la liste des actionnaires, comme étant l'un des porteurs, qui aura le droit de voter, et aucun autre.

58. Aucun actionnaire ne sera autorisé à voter dans une assemblée générale, si tous les versements exigibles sur ses titres n'ont été préalablement payés.

59. Le vote pourra avoir lieu soit personnellement, soit par procuration.

60. La procuration sera écrite et signée par le mandant, ou, si le mandant est une corporation, revêtue du cachet de cette corporation; elle sera en outre certifiée par un ou plusieurs témoins. Ne pourront être désignés pour voter par procuration que des actionnaires de la Compagnie.

61. La procuration sera déposée au siège social de la Compagnie au moins 48 heures avant la réunion de l'assemblée dans laquelle la personne désignée sera appelée à voter; mais toute procuration cessera d'être valable un an après qu'elle aura été délivrée.

62. La procuration sera formulée de la manière suivante :

« Metropolitan Railway of Constantinople, from Galata to Pera (Limited). »

« Je soussigné   (de   ) actionnaire du
« Metropolitan Railway of Constantinople, from Galata to Pera (Limited), »
« ayant droit à   voix, donne procuration par les présentes au
« Sr   (de   ) à l'effet de voter pour moi dans l'assemblée
« (*ordinaire* ou *extraordinaire*) qui se tiendra le   et tel autre
« jour auquel elle pourra être ajournée (ou bien à toutes les assemblées de la
« Compagnie qui se tiendront dans le courant de l'année).

« Fait et écrit de ma main le

» Signé

» En présence de

Administrateurs.

63. Tout actionnaire porteur de 50 actions au moins pourra être nommé aux fonctions d'administrateur. Tous les administrateurs ne sont pas tenus de résider en Angleterre.

64. Le nombre des administrateurs sera de quatre au moins, et n'excédera pas dix.

65. Les souscripteurs au traité d'association nommeront les 5 premiers administrateurs qui auront le droit de s'adjoindre trois autres administrateurs, à toute époque, jusqu'à la deuxième assemblée générale.

66. Les administrateurs nommés conformément aux articles qui précèdent resteront en fonctions jusqu'à la quatrième assemblée générale ordinaire qui suivra la constitution de la société.

67. A la quatrième assemblée ordinaire qui suivra la constitution de la société, et à toute assemblée ordinaire subséquente, un tiers des administrateurs en exercice (ou, si leur nombre n'était pas divisible par trois, le nombre le plus voisin du tiers) se retirera. A moins que l'assemblée générale n'en décide autrement, le scrutin désignera ceux des administrateurs qui devront se retirer.

68. Les administrateurs sortants sont rééligibles.

69. Dans la même séance où des administrateurs se seront retirés de la façon qui précède, l'assemblée générale pourvoira à leur remplacement par un nombre égal de personnes.

70. Si des vacances produites dans le conseil d'administration n'ont été remplies dans la séance même où l'élection devait avoir lieu, l'assemblée s'ajournera au même jour de la semaine suivante, à la même heure et au même endroit; et si, dans l'assemblée provenant de l'ajournement, les vacances ne sont encore pas remplies, les administrateurs sortants, ou seulement ceux d'entre eux qui n'auraient pas été remplacés, resteront en fonctions jusqu'à ce qu'il ait été pourvu à leur remplacement.

71. La Compagnie pourra toujours, en assemblée générale, augmenter ou réduire le nombre des administrateurs, modifier leurs attributions, ou changer l'ordre du tableau.

72. Il pourra être pourvu par les administrateurs à toute vacance qui viendrait à se produire fortuitement dans le conseil d'administration; mais la personne ainsi désignée ne restera en fonctions qu'aussi longtemps que serait resté l'administrateur qui a produit la vacance.

73. L'assemblée pourra suspendre, en vertu d'une décision de l'assemblée générale, avant l'expiration de leurs fonctions, aussi bien les premiers administrateurs que ceux qui seraient nommés par la suite, et pourvoir à leur remplacement. Toute personne ainsi nommée ne restera en fonctions que pendant le temps durant lequel serait restée celle en remplacement de laquelle elle aura été nommée.

74. Les administrateurs et autres agents de la Compagnie, ainsi que leurs héritiers, exécuteurs testamentaires et représentants, seront indemnisés sur les fonds de la Compagnie et garantis contre tous frais, charges, dommages, ou dépenses qu'ils pourraient encourir, ou avoir à supporter, soit du fait de leurs fonctions respectives, soit du fait des conventions ou engagements qu'ils pourraient contracter pour la Compagnie, ou à l'occasion de ses affaires.

Attributions des administrateurs.

75. Les affaires de la Compagnie seront dirigées par les administrateurs. Les administrateurs sont autorisés à payer toutes les dépenses faites pour l'exploitation et pour l'administration de la Compagnie; ils pourront exercer au nom de la Compagnie tous les pouvoirs qui n'auraient pas, en vertu des présents articles, été réservés à l'assemblée générale. Néanmoins ils demeureront soumis aux dispositions de ces articles, et à toutes les résolutions qui pourraient être prises en assemblée générale par la Compagnie, et qui ne seraient incompatibles avec lesdites dispositions; mais aucune résolution prise par la Compagnie en assemblée générale ne pourra invalider un acte antérieur des administrateurs qui serait valide si cette résolution n'avait pas été prise; c'est là une disposition générale qui ne pourra être limitée par aucune clause qui conférerait aux administrateurs des pouvoirs spéciaux. Les administrateurs peuvent agir nonobstant les vacances qui se produiraient dans le conseil, mais la présence de 4 membres au moins est nécessaire pour la validité de leurs délibérations.

76. Les administrateurs pourront établir et décider les conditions auxquelles sera achetée de M. Gavand la concession mentionnée dans le traité d'association; il pourront aussi consommer cette acquisition de la manière qu'ils estimeront à propos.

77. Les administrateurs pourront émettre les obligations dont il est question ci-dessus (article 4), aux conditions et au prix qu'ils désigneront eux-mêmes.

78. Les administrateurs pourront à toute époque, avec l'autorisation de l'assemblée générale, emprunter pour les besoins de la Compagnie toutes les sommes qu'ils jugeront nécessaires.

79. Les emprunts faits pour les besoins de la Compagnie (y compris les obligations ci-dessus) pourront l'être au moyen d'une hypothèque sur tout ou partie des propriétés de la Compagnie, et sur les versements non encore appelés du capital-actions, ou sur d'autres conditions et garanties désignées par la Compagnie, mais de telle façon qu'aucun emprunt subséquent ne puisse porter atteinte aux garanties desdites obligations. Si des versements à effectuer sont compris dans les garanties données par la Compagnie, les administrateurs pourront déléguer (à toute personne qu'ils désigneraient comme *trustee* à la personne qui ouvrirait un crédit sur cette garantie), leur droit à faire, et à contraindre, les actionnaires à des appels de fonds; et tant que durerait cette garantie les appels de fonds faits par ce *trustee* seraient réputés faits par les administrateurs, et seraient de même obligatoires. Ces emprunts pourront se faire de la part de la Compagnie à la condition que la garantie accordée pourra être convertie en actions ordinaires, ou en actions de préférence, ou en inscriptions.

80. Les administrateurs auront le droit de tirer, accepter ou délivrer des lettres de change et des billets à ordre, en faveur et pour les besoins de la Compagnie.

81. Les administrateurs pourront introduire, poursuivre, suspendre ou soumettre à des arbitres toute action, poursuite, réclamation, ou demande pour ou contre la Compagnie, ainsi que pour ou contre d'autres personnes, d'autres Compagnies, ou les actionnaires mêmes.

82. Les administrateurs auront le droit de désigner, sous leur responsabilité, soit parmi eux, soit en dehors du conseil, la personne ou les personnes, qu'ils jugeront convenables pour les fonctions de directeur, et de les révoquer à toute époque. Ils peuvent déléguer à ce directeur, ou à ces directeurs, tout ou partie des pouvoirs qui leur sont conférés par les présentes; ils peuvent aussi fixer le montant de la rémunération de ces directeurs. Ils auront également le droit de nommer et de révoquer le secrétaire, les avoués, les banquiers et tous les agents de la Compagnie.

83. Les administrateurs pourront à leur gré conférer, soit à l'un d'entre eux, soit à tout agent, directeur, ou autre employé, ou sous-agent de la Compagnie, les pouvoirs nécessaires pour arranger, régler et négocier les affaires de la Compagnie et pour contracter en son nom.

84. Les administrateurs pourront placer et employer, avec les garanties qu'ils jugeront convenables, les fonds de la Compagnie de quelque source qu'ils proviennent, pourvu que ces fonds ne soient pas nécessaires pour les affaires courantes; et ils pourront à leur gré les déposer chez les banquiers de la Compagnie, et les laisser sans emploi, pourvu qu'aucune portion du capital de la Compagnie ne serve, sous quelque prétexte que ce soit, à une acquisition ou à un prêt sur la garantie des actions de la Compagnie.

85. Les administrateurs auront le choix, ou de construire et d'aménager le chemin de fer dont il s'agit avec les fonds de la Compagnie, ou d'en charger un entrepreneur, et de faire pour cet objet tous les contrats et toutes les conventions nécessaires.

86. Aucune acquisition, aucune vente, aucune convention, aucun contrat consenti par la Compagnie, ou par les administrateurs, avec l'assentiment de l'assemblée générale, ne pourra être ni attaqué, ni arrêté dans son exécution, par le motif que le but de la Compagnie est détruit, ou qu'elle s'oppose à un acte de cette nature, ou qu'une dissolution de la Compagnie serait rendue nécessaire de ce chef, ou pour tout autre motif quel qu'il soit.

87. La Compagnie aura la faculté, en vertu d'une résolution spéciale de l'assemblée générale et conformément aux paragraphes 5 et 6 de l'article 3 du traité d'association, de fusionner avec toute autre Compagnie, ou de disposer de son trafic, de ses propriétés et de ses biens, en tout ou en partie, en faveur d'une autre compagnie, aux conditions et de la manière qu'elle le jugera à propos; et les administrateurs auront le droit de faire tout ce qui serait nécessaire pour mener à bonne fin cette fusion, cette vente ou cette aliénation.

88. La Compagnie est autorisée à se servir en Turquie et dans les autres pays qui seraient déterminés par les administrateurs, d'un cachet officiel, reconnu par le Gouvernement ottoman, dont le type sera consigné au Ministère du commerce, et les administrateurs auront le droit de nommer à l'étranger des agents, ou des comités, dûment autorisés à se servir de ce cachet, comme ils le jugeront convenable.

Manière de procéder des administrateurs.

89. A la première réunion, les administrateurs nommeront un président, choisi parmi eux.

90. Les administrateurs peuvent se réunir pour l'expédition des affaires, ajourner, ou modifier leurs séances comme ils le jugent à propos.

Les séances du conseil d'administration se tiendront soit à Londres, soit à Constantinople, soit à Paris. Toutes les questions soulevées dans une séance du conseil d'administration seront décidées à la majorité des voix; en cas de partage, la voix du président sera prépondérante. Un administrateur peut toujours provoquer une séance du conseil d'administration.

91. Si à une réunion du Conseil, le président n'était pas présent à l'heure fixée, les administrateurs présents désigneraient l'un d'entre eux pour présider la séance.

92. Les administrateurs peuvent déléguer tout ou partie de leurs pouvoirs à des comités composés d'autant de membres du conseil qu'ils voudront; les administrateurs résidant en Turquie, pourraient être désignés pour former un comité représentant le conseil tout entier. Tout comité ainsi composé devra, dans l'exercice des pouvoirs qui lui sont délégués, se conformer à toutes les instructions qui lui seraient imposées par le conseil d'administration.

93. Le président du conseil d'administration sera président du comité dont il fera partie; si le président du conseil d'administration n'est pas d'un comité, alors ce comité pourra choisir un président pour ces séances. S'il n'a pas été nommé ainsi de président, ou s'il n'est pas présent à l'heure fixée pour la réunion, les membres présents, désigneront parmi eux un président pour la séance.

94. Un comité peut se réunir et s'ajourner comme il le juge à propos. Les questions soulevées en séance seront décidées à la majorité des membres présents et en cas de partage la voix du président sera prépondérante.

Incapacité des administrateurs.

95. La place d'un administrateur devient vacante : 1° s'il a cessé d'avoir qualité pour l'être; 2° s'il a fait banqueroute, s'il n'est pas sain d'esprit, ou s'il est frappé d'une peine afflictive ou infamante. Tout administrateur pourra contracter avec la Compagnie pour la construction et l'aménagement du chemin de fer, ou pour les fournitures nécessaires, ou pour tous autres travaux de la Compagnie. Cependant il ne pourra pas prendre part au vote relatif à ces contrats, et, s'il venait à voter, son vote serait annulé.

96. Les actes faits par les administrateurs, ou par toute autre personne en remplissant les fonctions, seront, si l'on venait à découvrir plus tard qu'il y a eu vice dans leur nomination ou dans leur désignation, ou qu'ils n'avaient pas qualité pour être administrateurs ni en remplir les fonctions, aussi valables que si ces personnes avaient été dûment nommées, et que si elles avaient qualité pour être administrateurs.

Traitement des administrateurs.

97. Jusqu'à ce qu'il en soit autrement décidé par une assemblée générale, le traitement des administrateurs sera d'une somme annuelle représentant 400 l. st. pour le président, et 200 l. st. pour chacun des autres administrateurs. La somme qui y sera consacrée sera répartie par les administrateurs entre eux comme ils l'entendront.

Dividendes.

98. Les administrateurs pourront, avec l'approbation de la Compagnie réunie en assemblée générale, décider qu'un dividende sera payé aux actionnaires proportionnellement aux sommes versées, ou réputées versées sur leurs actions. Ils pourront aussi, dans l'intervalle entre deux dividendes, décider, aux conditions qu'ils jugeront convenables, le payement en faveur des actionnaires d'à-compte à payer sur le dividende tout entier.

99. Tous les dividendes et tous les à-compte sur les dividendes ne sont payables que sur les bénéfices provenant du trafic de la Compagnie.

100. Les administrateurs pourront, avant la distribution d'un dividende ou d'un à-compte, réserver, avec approbation de l'assemblée générale, sur les bénéfices de la Compagnie, telle somme qu'ils jugeront à propos, pour parer à toutes les éventualités, pour racheter des obligations de la Compagnie, pour égaliser les dividendes, pour réparer et entretenir les travaux qui se rapportent au trafic de la Compagnie, ou pour leur donner de l'extension; ils pourront aussi placer cette somme en fonds de réserve, moyennant les garanties laissées à leur choix.

101. Les administrateurs auront la faculté de retrancher du montant des dividendes payables à un actionnaire toutes les sommes qu'il pourrait devoir à la Compagnie soit pour versements, soit pour d'autres motifs.

102. Il sera donné avis, de la manière ci-après, à chaque actionnaire du dividende annoncé, et tous les dividendes qui n'auraient pas été réclamés dans les 3 ans après qu'ils auront été annoncés seront confisqués par les administrateurs au profit de la Compagnie.

103. Aucun dividende ne portera intérêt contre la Compagnie.

Comptabilité.

104. Les administrateurs veilleront à ce qu'il soit tenu une comptabilité exacte des sommes reçues et dépensées par la Compagnie, de l'origine de ces recettes et de ces dépenses, ainsi que des crédits et des engagements de la Compagnie.

105. Un état des comptes, arrêté un mois avant le jour de la réunion de l'assemblée, sera mis sous les yeux de chaque assemblée générale ordinaire. Les registres de la comptabilité seront tenus au siège social de la Compagnie.

Examen des comptes.

106. Une fois par an au moins, les comptes de la Compagnie seront examinés, et l'exactitude de la balance sera vérifiée par un ou plusieurs censeurs.

107. Les premiers censeurs seront nommés par les administrateurs; dans la suite ils seront nommés par la Compagnie en assemblée générale.

108. S'il n'est nommé qu'un seul censeur, toutes les dispositions contenues dans les présentes, et qui sont relatives aux censeurs, s'appliqueront à lui.

109. Les censeurs peuvent l'être, ou ne pas être, actionnaires de la Compagnie; mais nul ne sera éligible aux fonctions de censeur qui serait intéressé, autrement que comme actionnaire, dans les affaires de la Compagnie. Aucun administrateur, ou autre agent de la Compagnie, ne sera éligible pendant la durée de ses fonctions.

110. L'élection des censeurs se fera par la Compagnie dans son assemblée ordinaire annuelle.

111. Le traitement des premiers censeurs sera fixé par les administrateurs; dans la suite, le traitement des censeurs sera fixé par la Compagnie en assemblée générale.

112. Tout censeur sortant sera rééligible.

113. Si quelque vacance venait à se produire fortuitement parmi les censeurs nommés par la Compagnie, les administrateurs convoqueraient immédiatement une assemblée générale extraordinaire pour pourvoir à cette vacance.

114. Si l'élection n'a pu avoir lieu de cette façon, le conseil d'administration pourra, si la demande lui en est faite par cinq actionnaires au moins, nommer un censeur

pour l'année courante, et fixer l'allocation qui lui sera donnée par la Compagnie en rémunération de ses services.

115. Chaque censeur recevra copie de la balance, et il devra l'examiner avec les comptes et les preuves à l'appui.

116. Chaque censeur recevra une nomenclature de tous les registres tenus par la Compagnie, et il pourra à toute époque plausible prendre connaissance de ses livres et de ses comptes. Il pourra employer aux frais de la Compagnie des comptables ou d'autres personnes, pour l'assister dans l'examen de ces comptes, et il aura le droit d'interroger les administrateurs, ou tous autres agents de la Compagnie pour ce qui concerne lesdits comptes.

Avis de la Compagnie.

117. Tout actionnaire recevra les communications de la Compagnie, soit personnellement, soit par lettre affranchie adressée à son principal établissement, ou à tout autre endroit par lui indiqué pour recevoir lesdites communications. Quant aux porteurs de certificats d'actions, il suffira pour eux d'une annonce répétée trois fois dans le *Times* de Londres, et, à Constantinople, dans le *Takvimi-Vékaï* et un journal français.

118. Toute communication à faire aux actionnaires sera, dans le cas où il s'agirait d'actions ayant plusieurs copropriétaires, faite à celui d'entre eux qui figurera le premier sur le registre des actionnaires; et une communication ainsi faite sera réputée être une communication suffisante pour tous les copropriétaires de cette action.

119. Tout avis envoyé par la poste sera réputé fait pour l'Angleterre, le lendemain du jour où il aura été mis à la boîte, et, pour Constantinople, huit jours plus tard; et il suffira de prouver que cela a été fait pour que cet avis soit réputé avoir été régulièrement adressé et envoyé par la poste.

Dissolution de la Société.

120. Tout actionnaire, administrateur ou non, seul ou conjointement avec tout autre actionnaire ou administrateur, ou même avec tout autre personne qui ne serait pas actionnaire, peut devenir acquéreur de tout ou partie de la propriété de la Compagnie, en cas de liquidation ou de dissolution de la Compagnie, ou à toute autre époque à laquelle les administrateurs pourraient effectuer une aliénation des propriétés, ou de l'actif de la Compagnie, en vertu des pouvoirs qui leur sont conférés par les présentes.

121. Dans le cas où la Compagnie serait liquidée avant que le capital-actions ait été appelé en entier, les personnes auxquelles des actions libérées auraient été données en payement intégral ou partiel, pour transfert de propriétés ou services rendus à la Compagnie ne seront jamais tenues d'effectuer, ni par la voie de contribution, ni autrement, les versements restant à faire sur le capital non encore payé.

2 avril 1872.

(Apposé au bas du texte turc)
Cachet du Ministère du commerce, de l'agriculture et des travaux publics.

(Signé au bas du texte français)
E. Gavand.

(Traduit du turc.) — Vu pour la légalisation du cachet de S. Exc. Edhem-Pacha, Ministre du commerce, de l'agriculture et des travaux publics, et la signature de M. E. Gavand, apposés au bas des présents statuts.

Nous certifions en outre la conformité des deux rédactions ci-dessus, en turc et en français, et nous donnons en même temps quittance pour quatre-vingts livres turques effectives que M. Gavand a versées à la caisse du Ministère du commerce pour tous frais d'enregistrement et autres.

(Signé) Stéphan.
Directeur de la Chancellerie du Ministère du commerce.

(Apposé)
Cachet de la Chancellerie du Ministère du commerce.

TABLE

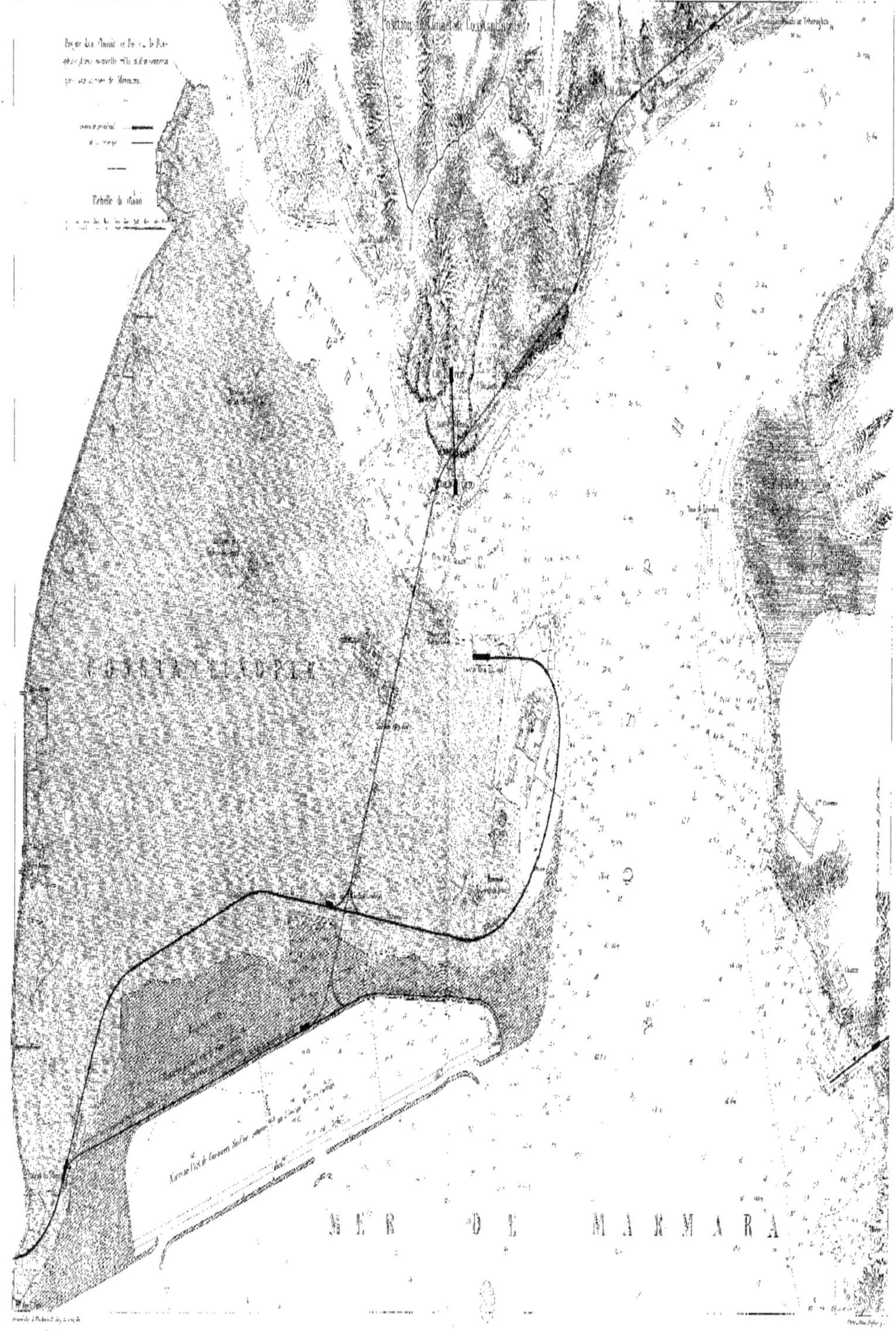
Projet d'un Chemin de Fer et de Rac-
cordement d'une nouvelle ville souterraine
par les environs de Marmara.

Echelle du 15000

CONSTANTINOPLE

MER DE MARMARA

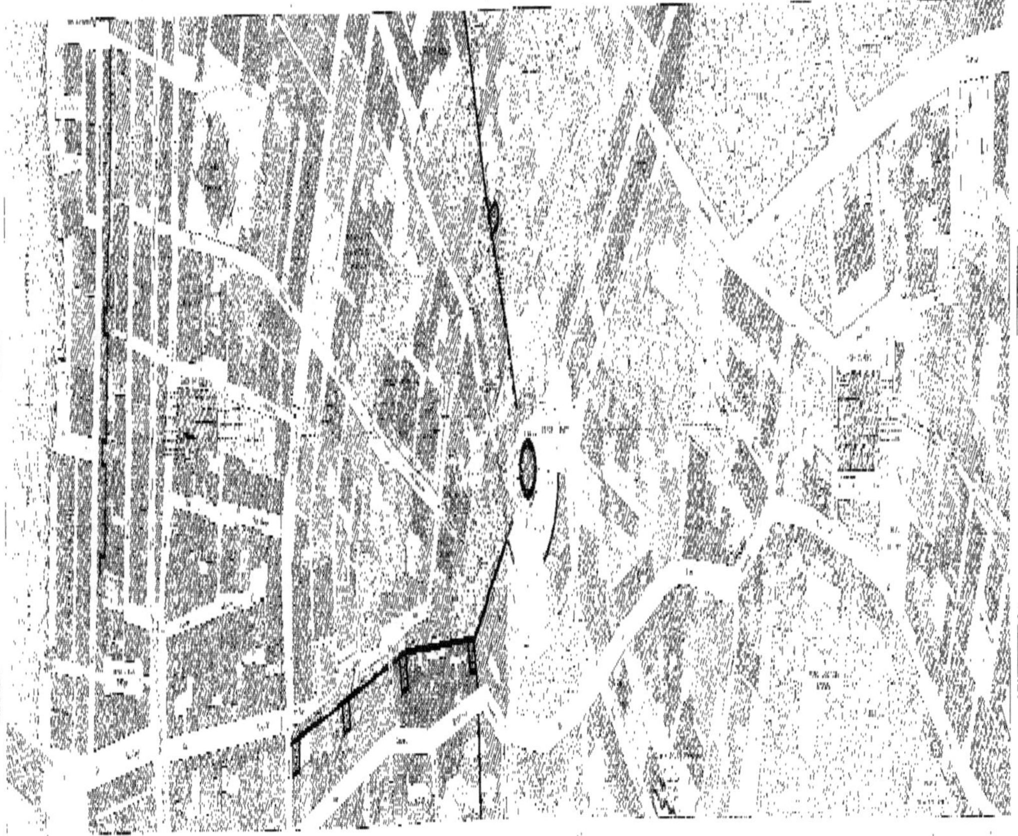

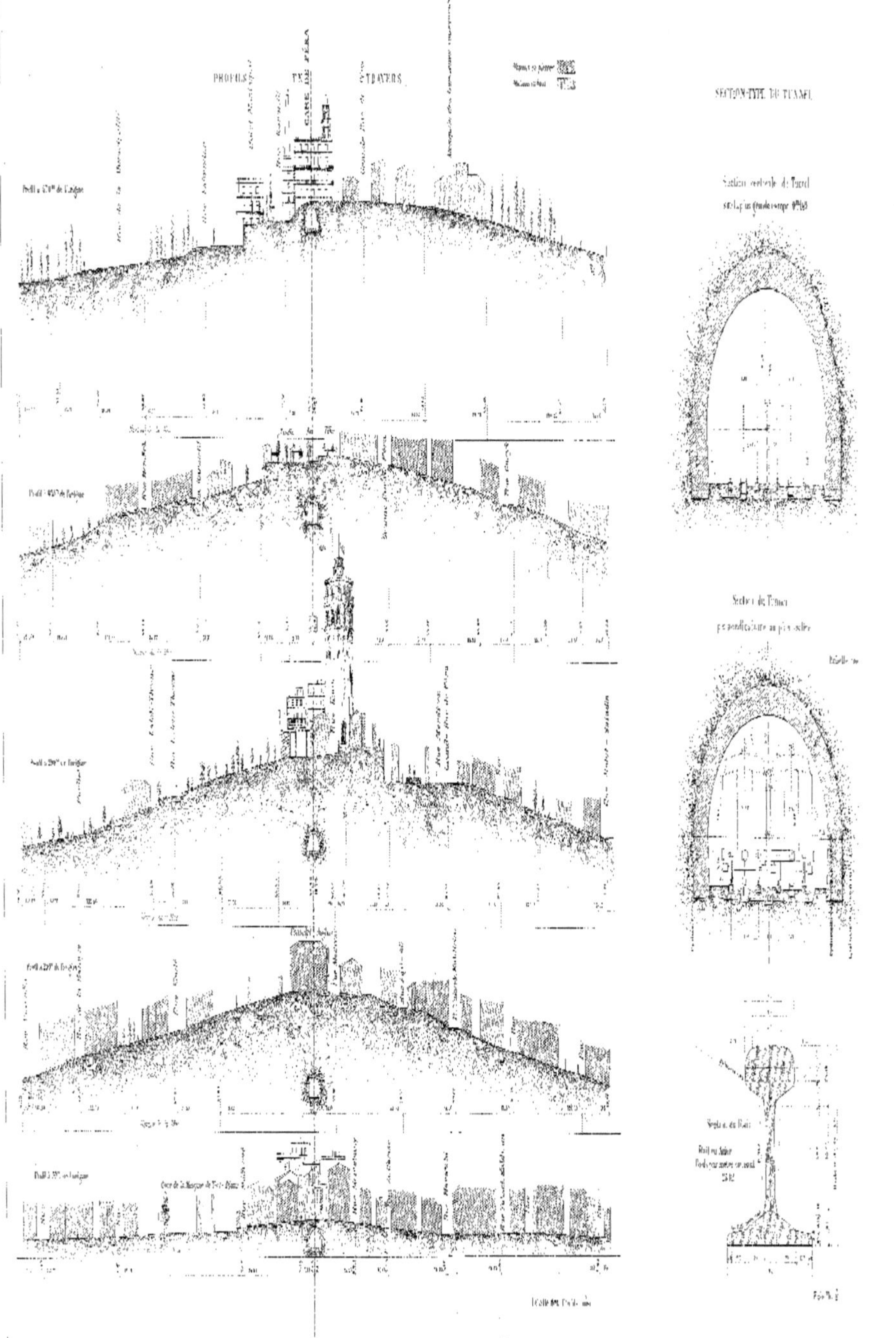
CHEMIN DE FER DE GALATA A PERA
TUNNEL DE CONSTANTINOPLE
PROFILS EN TRAVERS
SECTION-TYPE DU TUNNEL
Pl. 4

CHEMIN DE FER DE GALATA A PÉRA
DIT TUNNEL DE CONSTANTINOPLE

DISPOSITION DES TÔLES ET POULIES DE SUPPORT DES CÂBLES

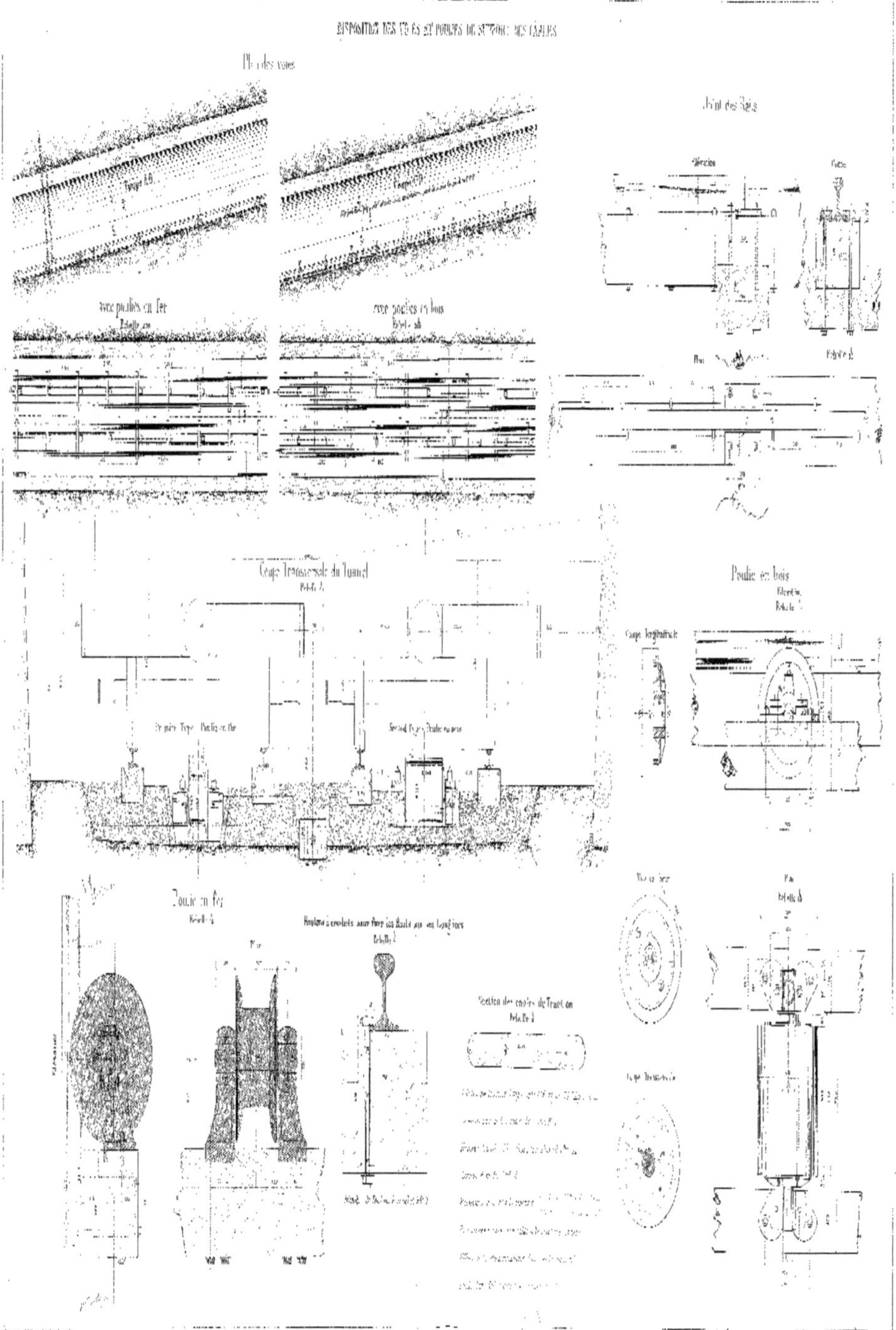

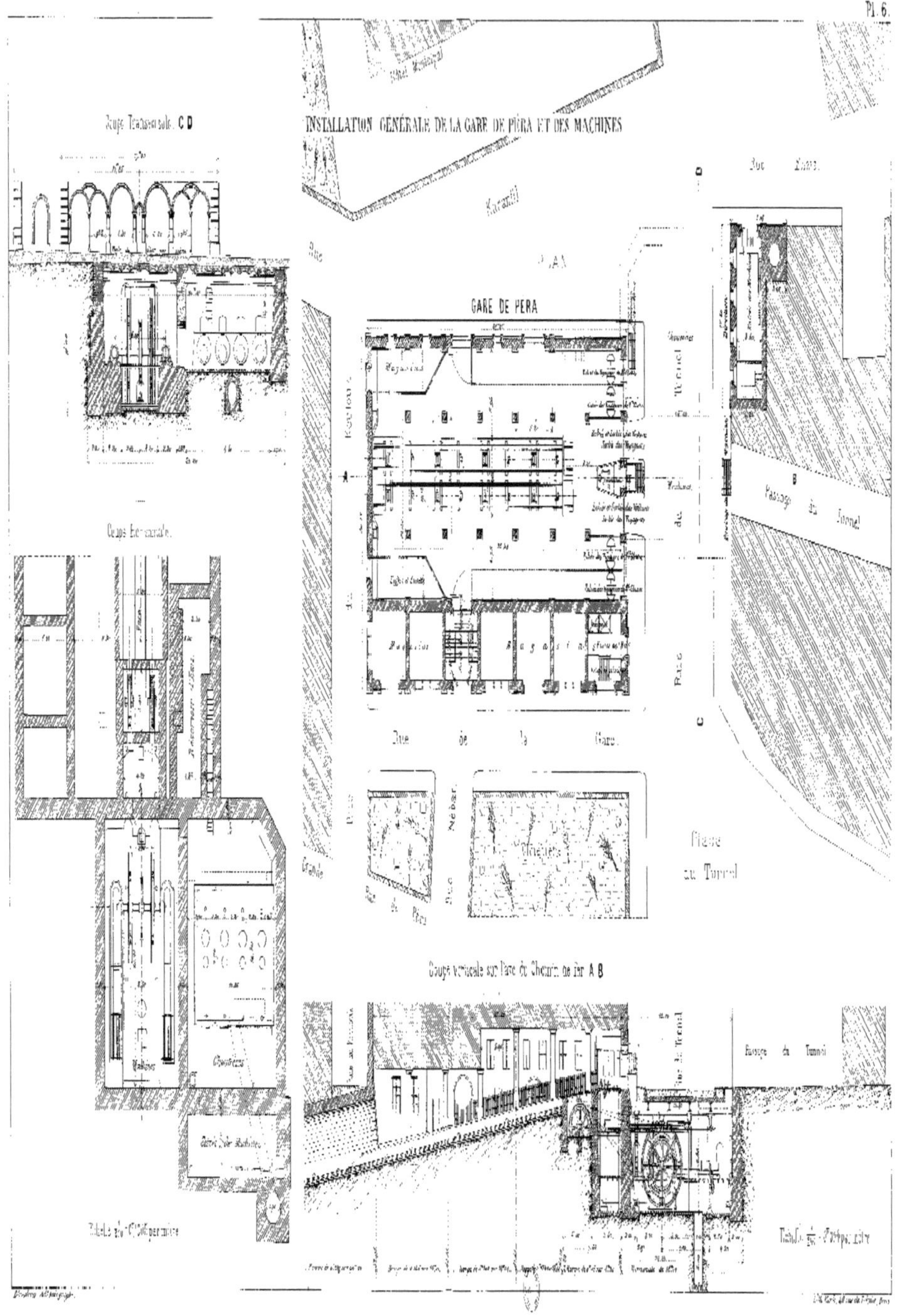

INSTALLATION GÉNÉRALE DE LA GARE DE PÉRA ET DES MACHINES
Coupe Transversale. C D
Coupe Horizontale.
PLAN
GARE DE PÉRA
Rue de la Gare.
Coupe verticale sur l'axe du Chemin de fer A B
Passage du Tunnel
Entrée du Tunnel
Karakii
Magasins

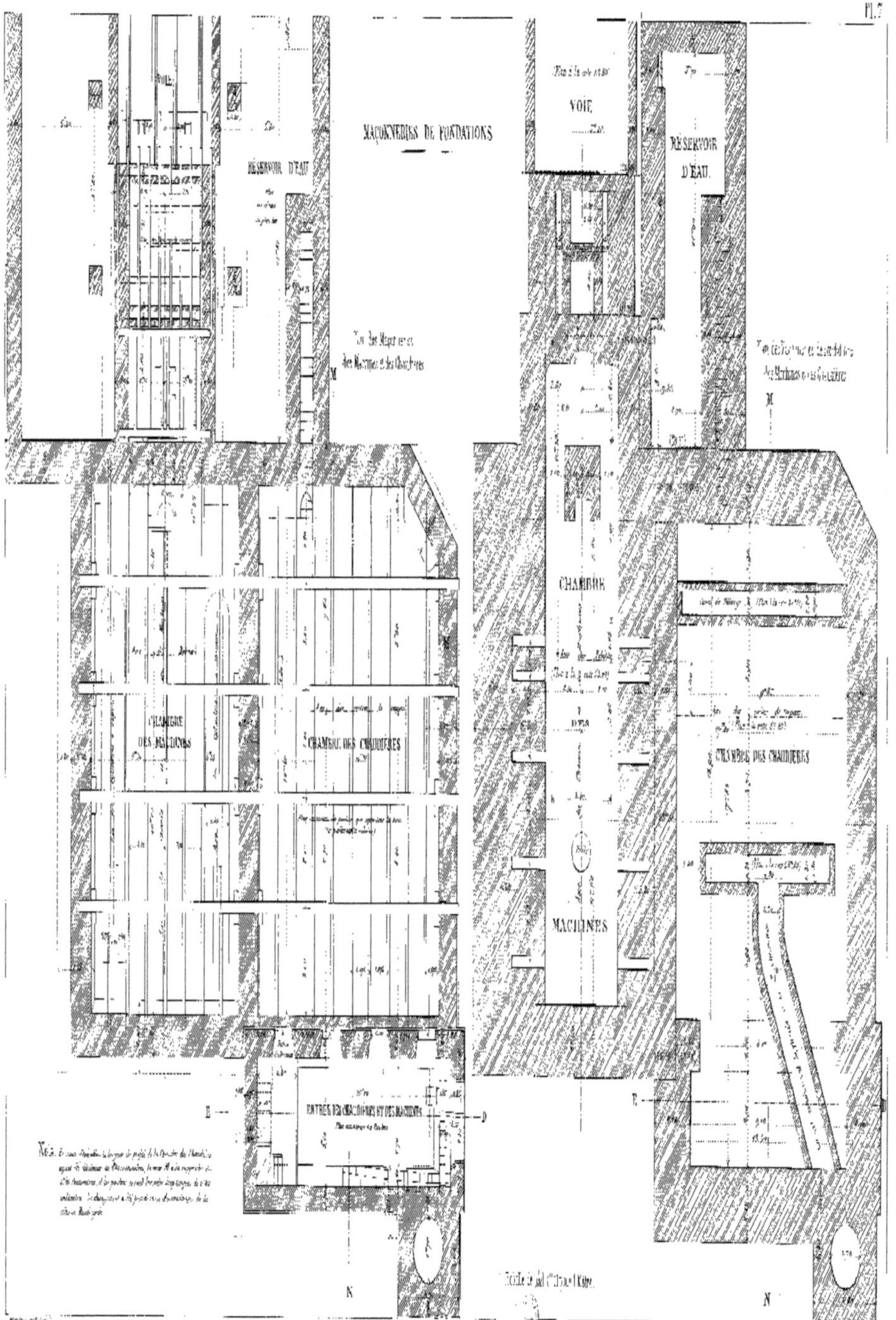
Pl. 7
MACONNERIES DE FONDATIONS
VOIE
RÉSERVOIR D'EAU
RÉSERVOIR D'EAU
RÉSERVOIR D'EAU
CHAMBRE
DES
MACHINES
CHAMBRE DES MACHINES
CHAMBRE DES CHAUDIÈRES
CHAMBRE DES CHAUDIÈRES
ENTRÉE DES ESCALIERS ET DES MACHINES

MACHINE DE 150 CHEVAUX
(Construction Neuville)
PLAN DES FONDATIONS DE LA MACHINE

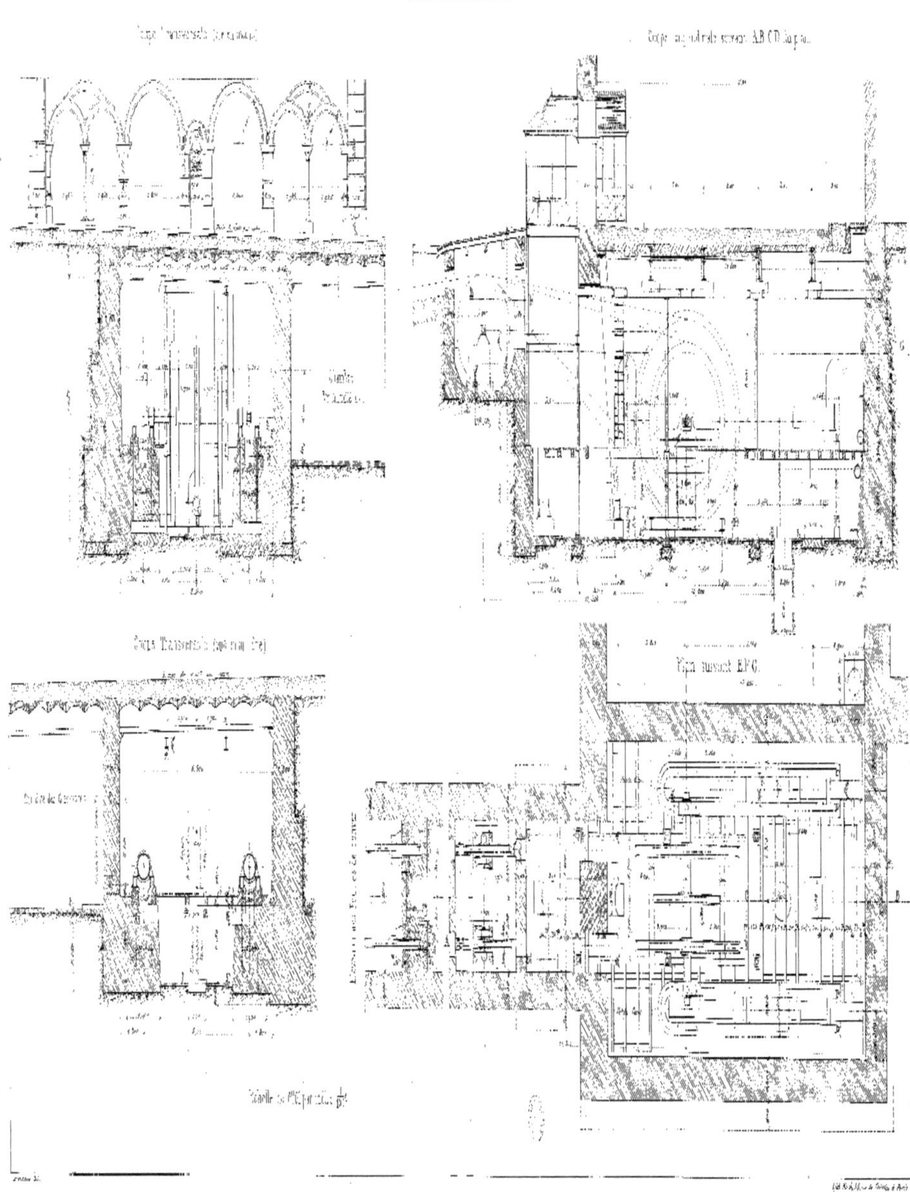

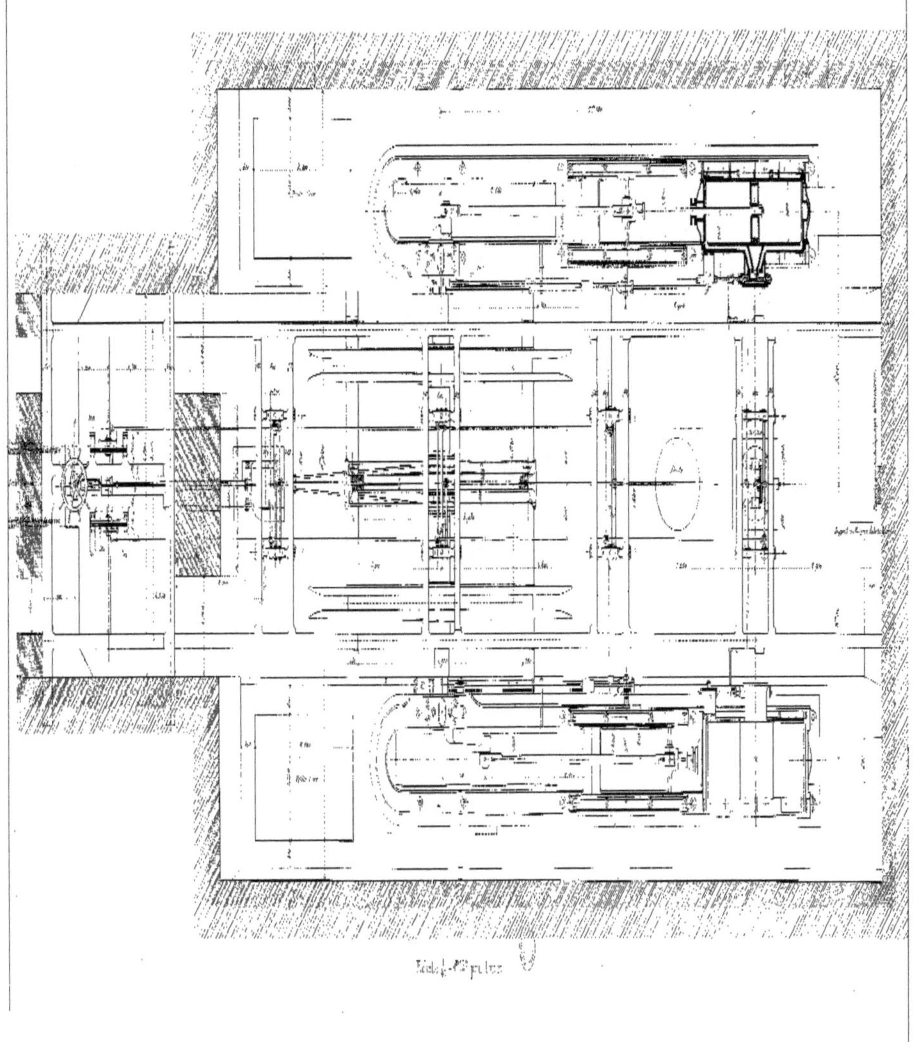
MACHINES DE PUITS
PLAN DES MACHINES.

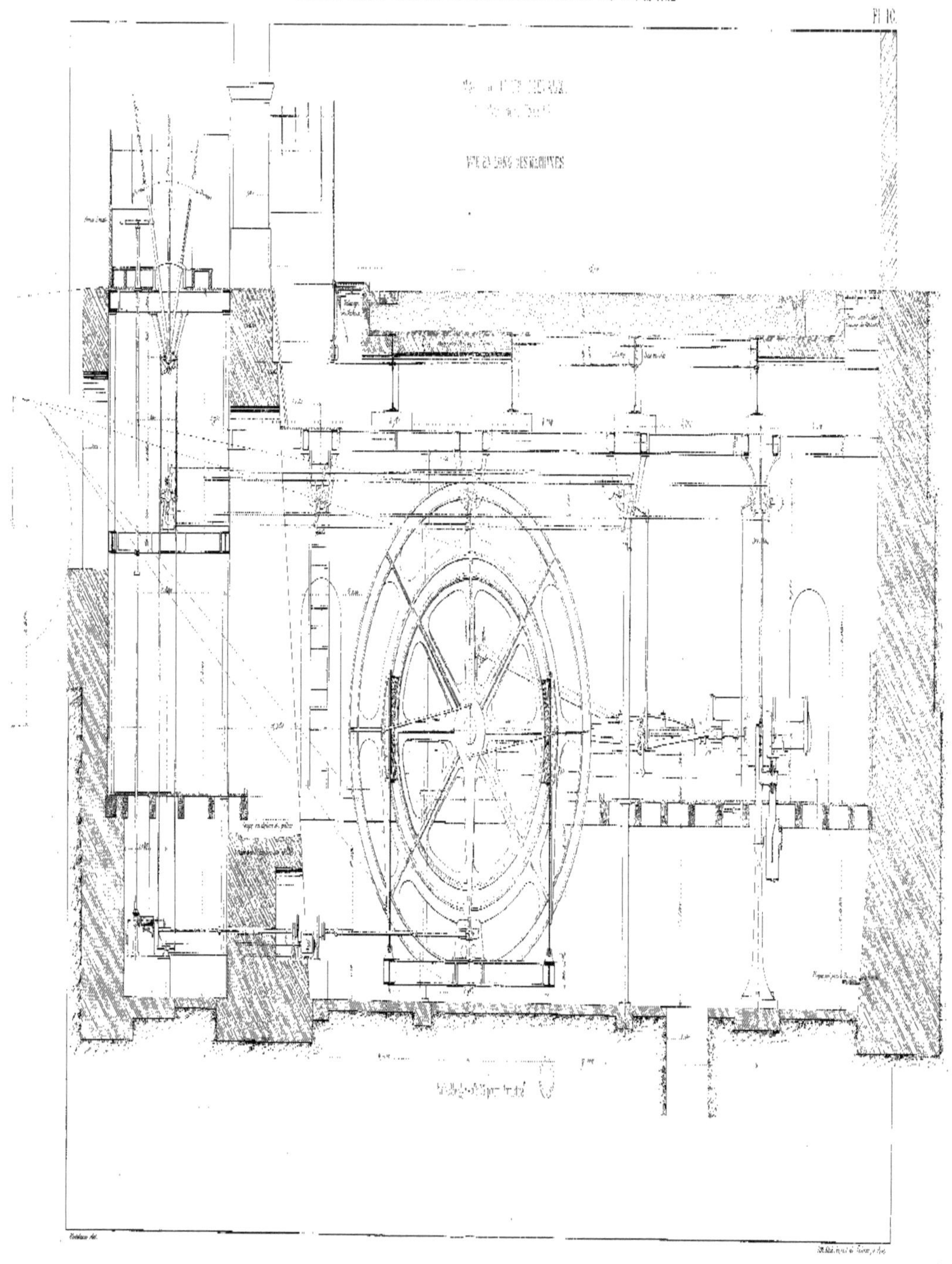
VUE EN LONG DES MACHINES

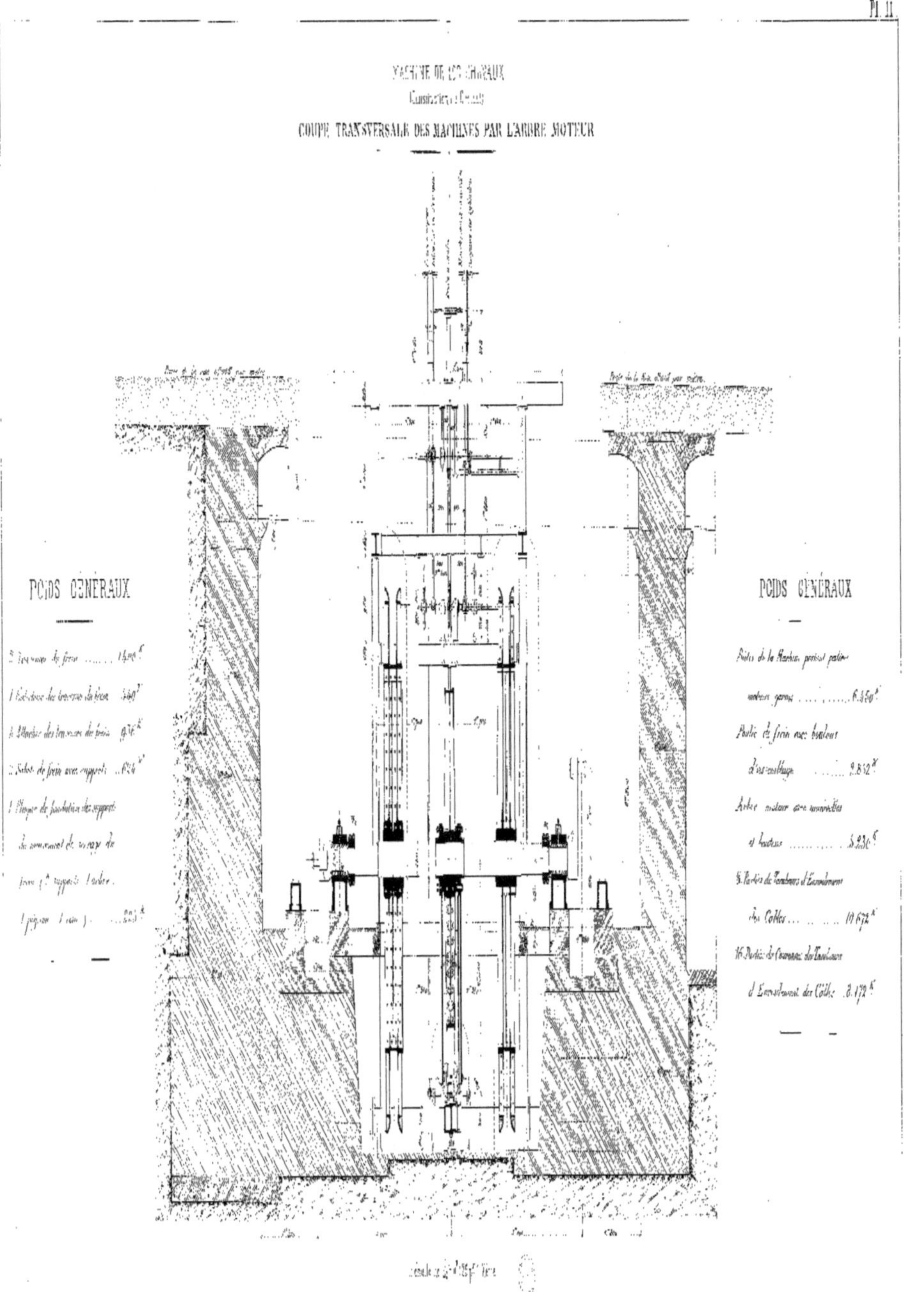
MACHINE DE 100 CHEVAUX
Constructeur . . . . .
COUPE TRANSVERSALE DES MACHINES PAR L'ARBRE MOTEUR
POIDS GÉNÉRAUX
POIDS GÉNÉRAUX
Échelle de 0m,05 p.r 1m.re

MACHINES DE 150 CHEVAUX
(Construction de Cosset)

COUPE TRANSVERSALE DES MACHINES PAR LES CYLINDRES.

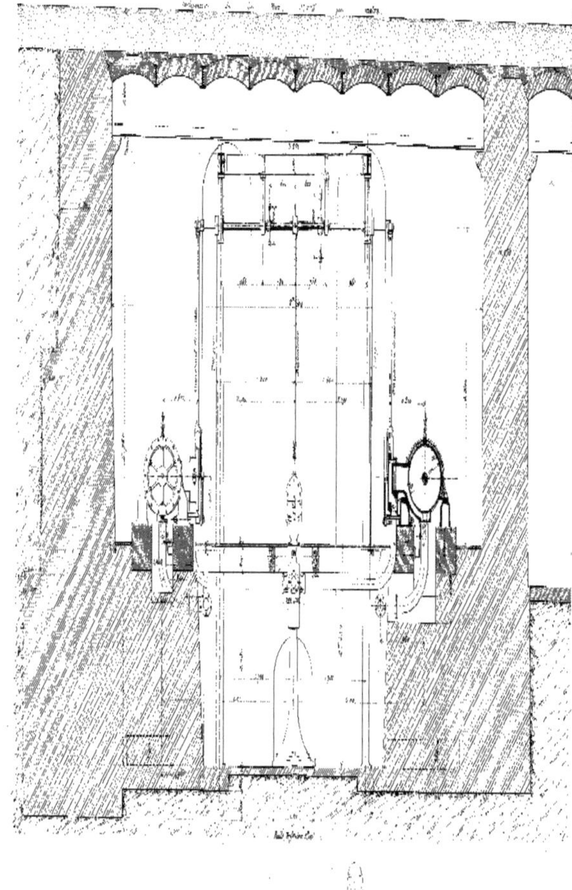

Échelle de 0m,05 par mètre

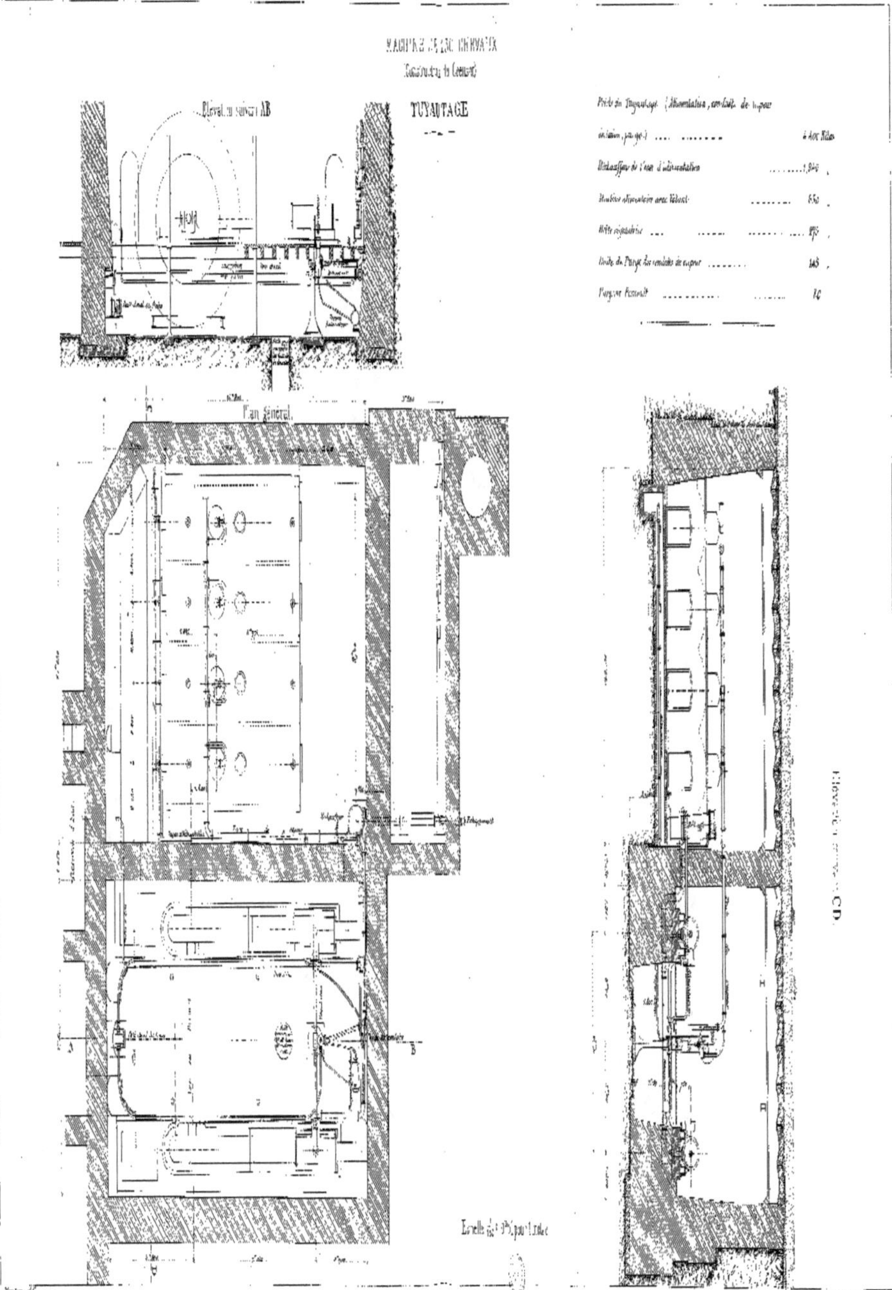
MACHINE DE L'ASCENSEUR
(Construction du Creuzot)
TUYAUTAGE
Élévation suivant AB
Plan général
Élévation suivant CD
Échelle de 0m,02 pour 1 mètre

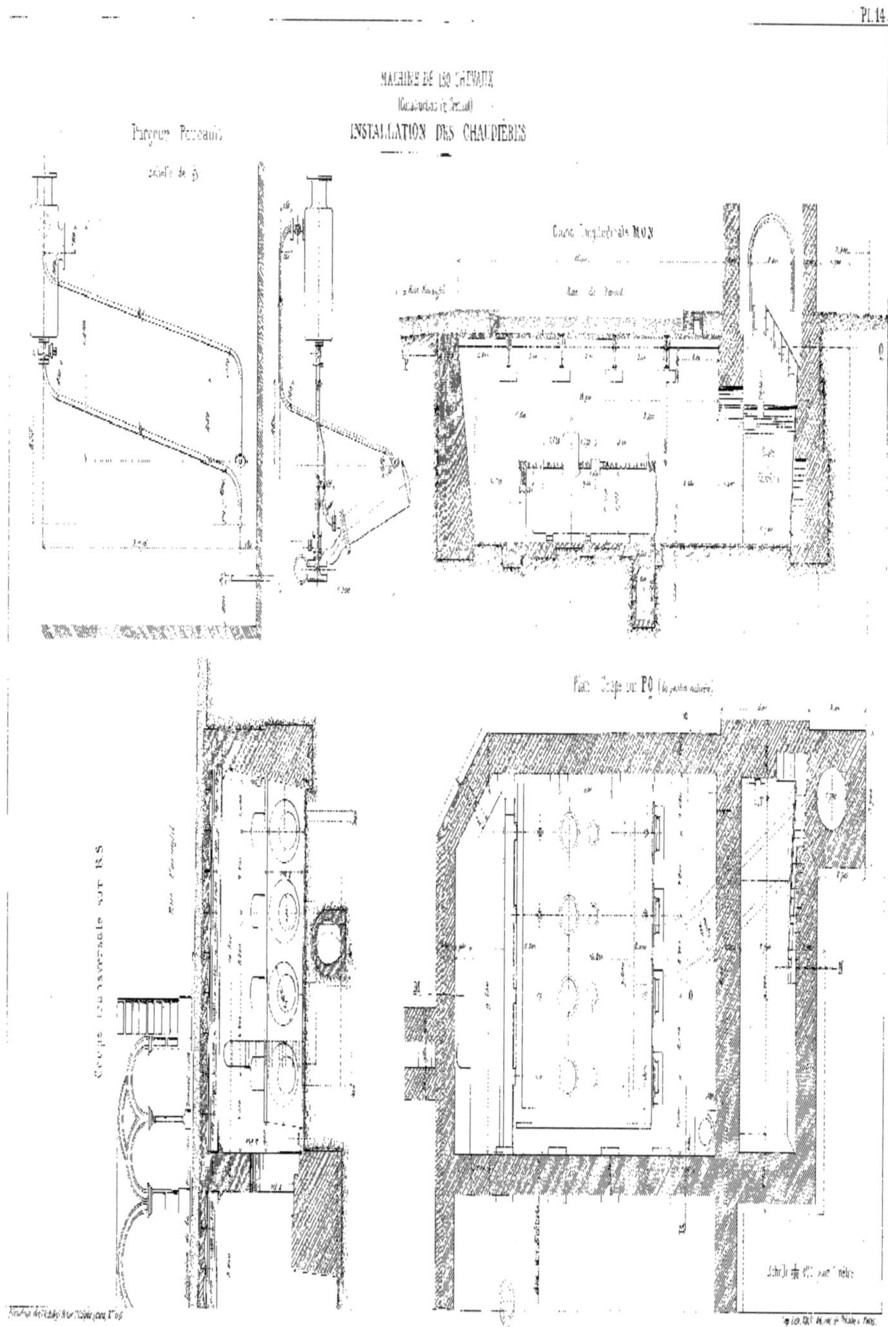
MACHINE DE 150 CHEVAUX
INSTALLATION DES CHAUDIÈRES
Purgeur Perreaux
Coupe longitudinale M O N
INSTALLATION DES CHAUDIÈRES

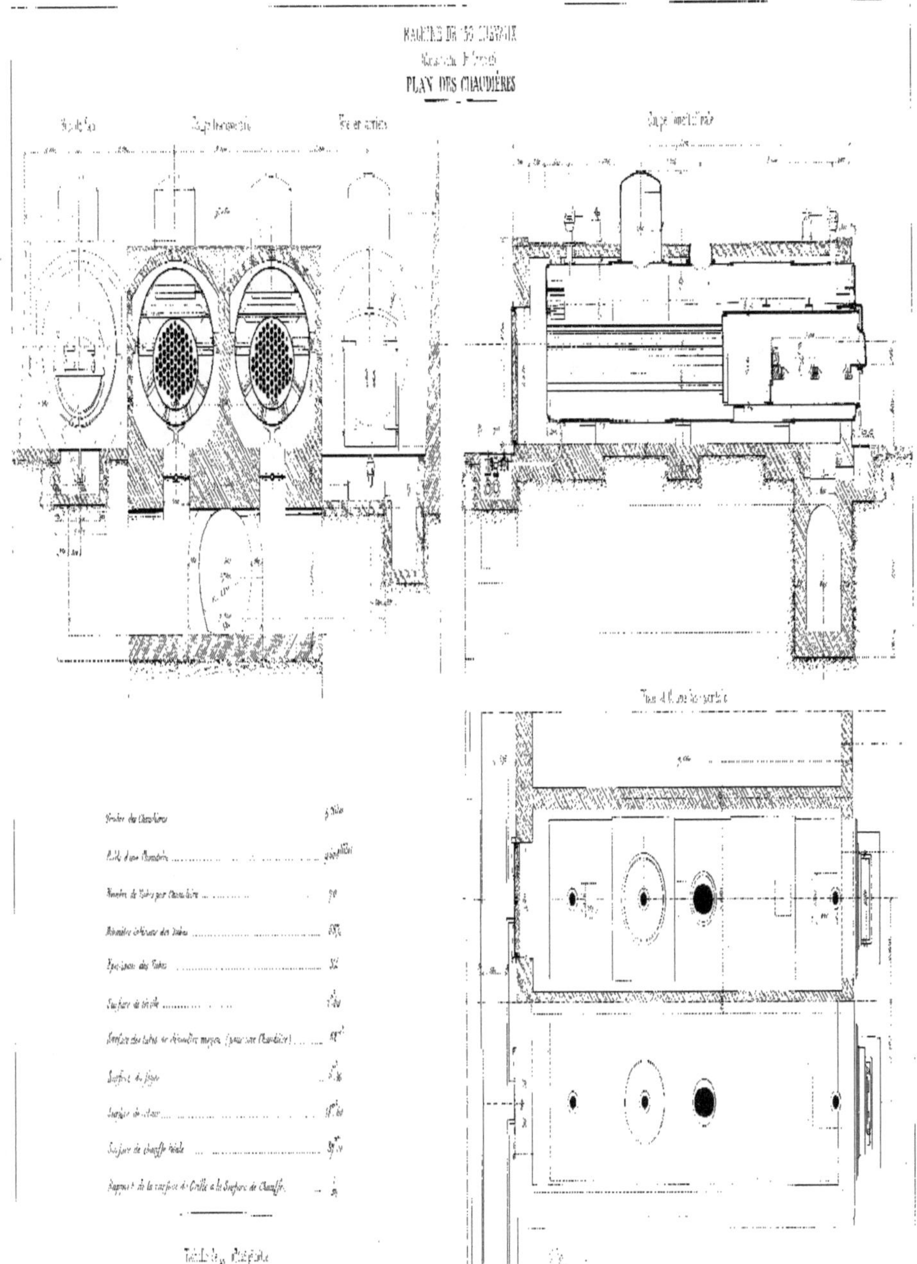

MACHINE DE 150 CHEVAUX
PLAN DES CHAUDIÈRES
PLAN DES CHAUDIÈRES

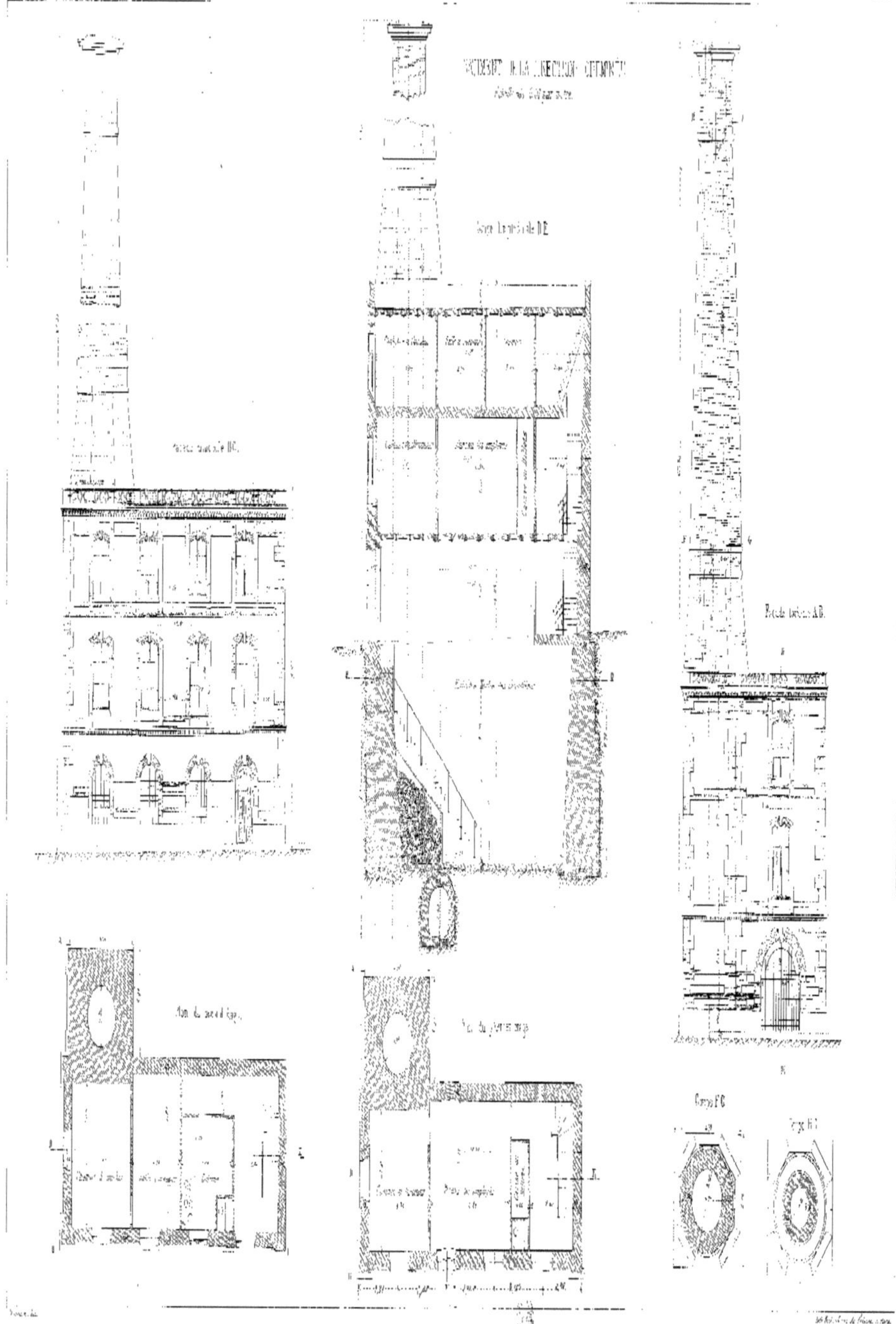
BATIMENT DE LA STATION SUPÉRIEURE
Coupe Longitudinale DE
Façade latérale HC.
Façade latérale AB.
Coupe FG
Plan du premier étage.
Plan du second étage.
Coupe HI

GARE DE PÉRA AVEC HÔTEL

Élévation sur la rue du Tunnel

GARE DE PÉRA AVEC HÔTEL

Élévation sur la rue Kumbaradji

GARE DE PÉRA AVEC HOTEL

Élévation sur la rue de la Gare

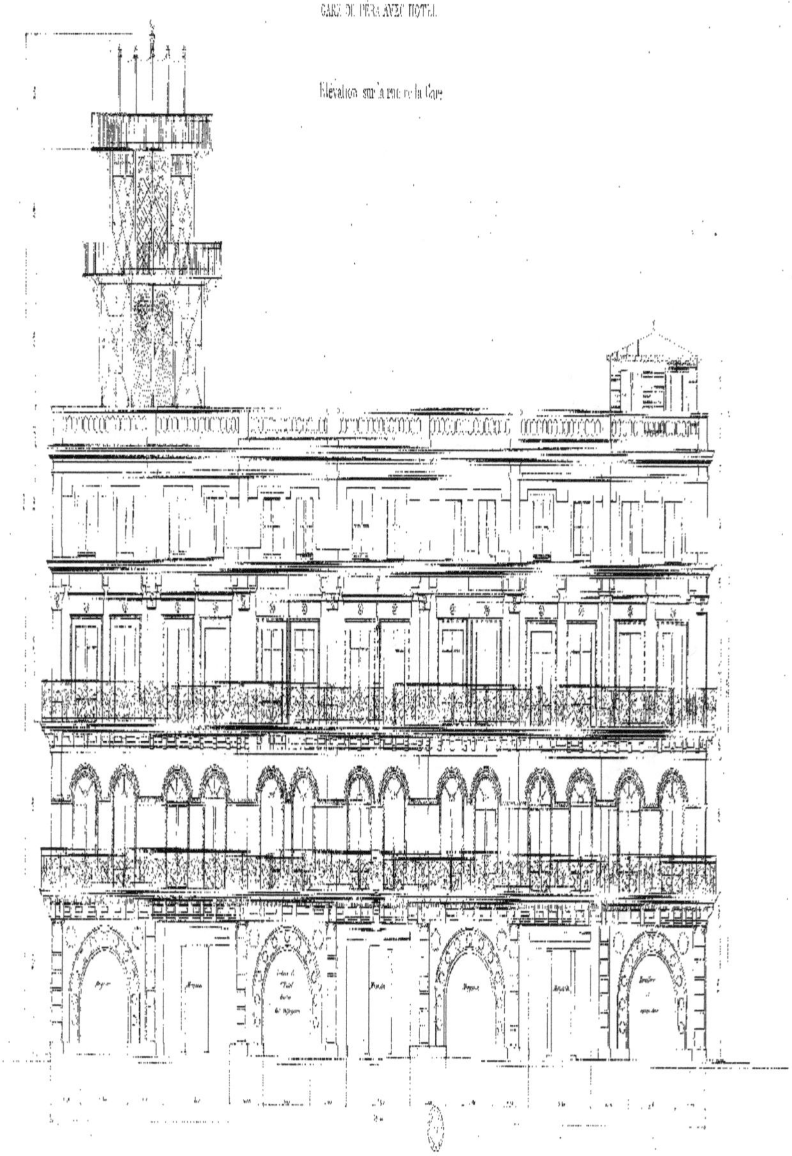

Échelle de ... pour mètre

DISTRIBUTION DE L'HÔTEL DE LA GARE.

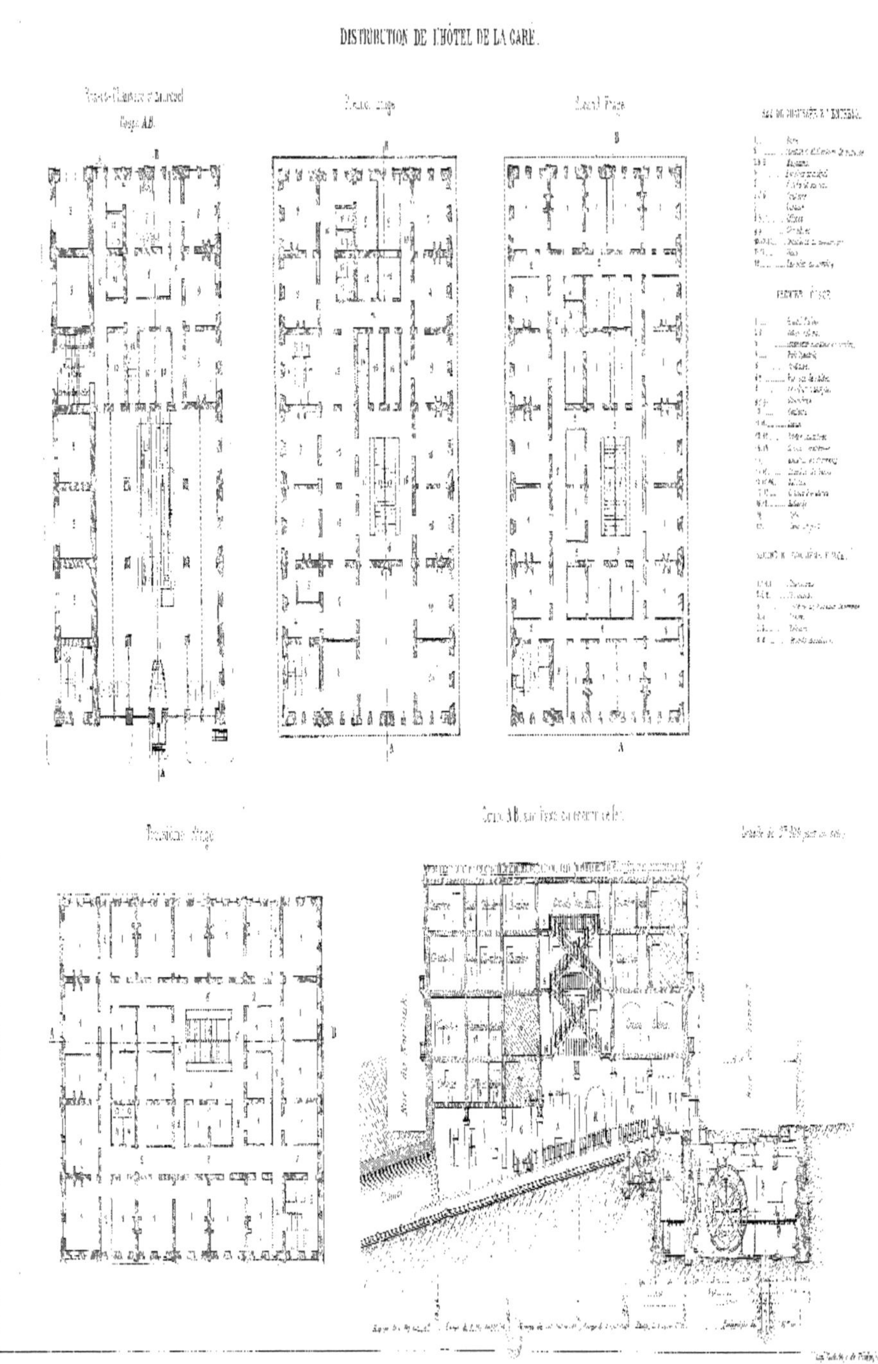

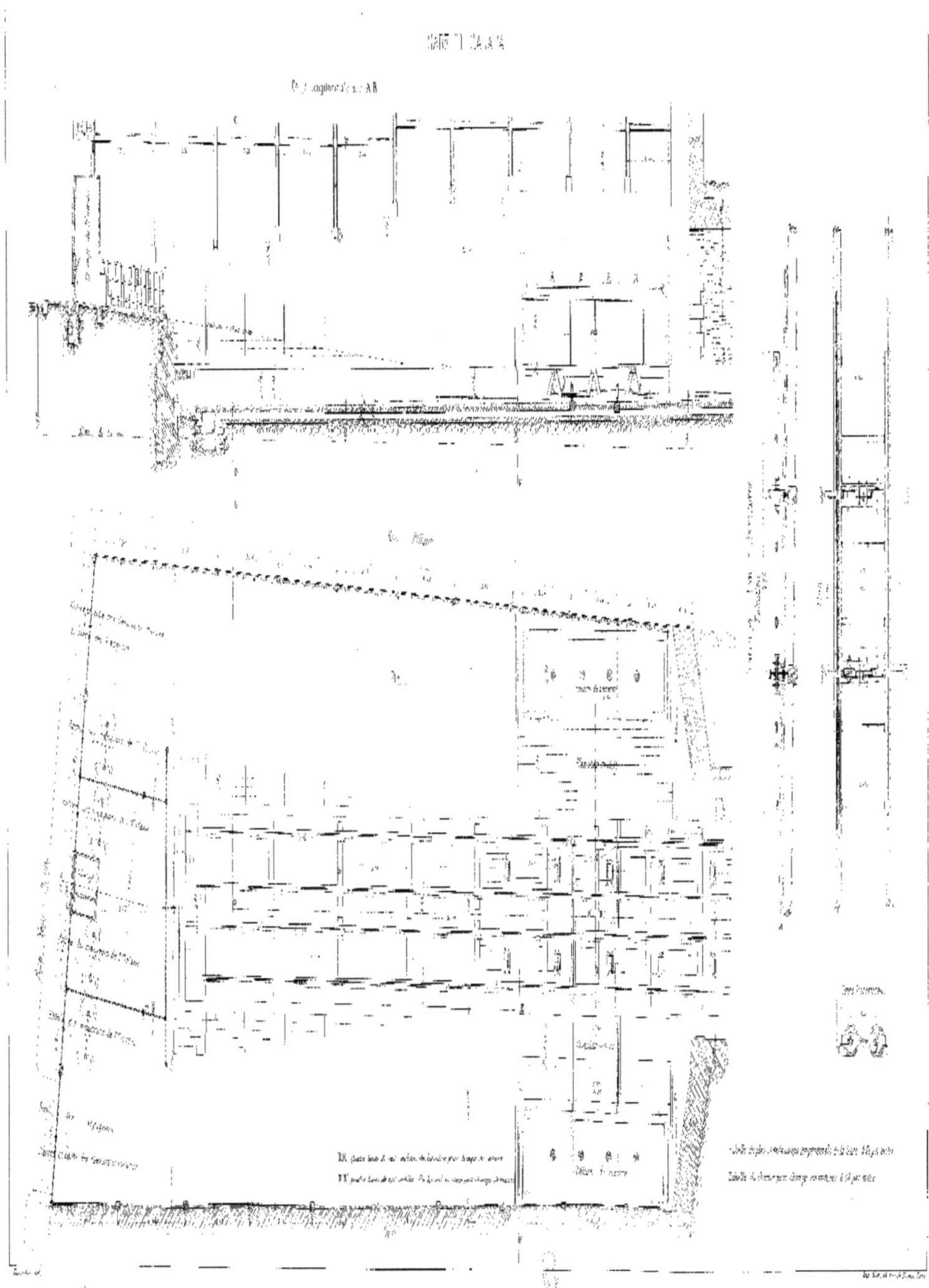

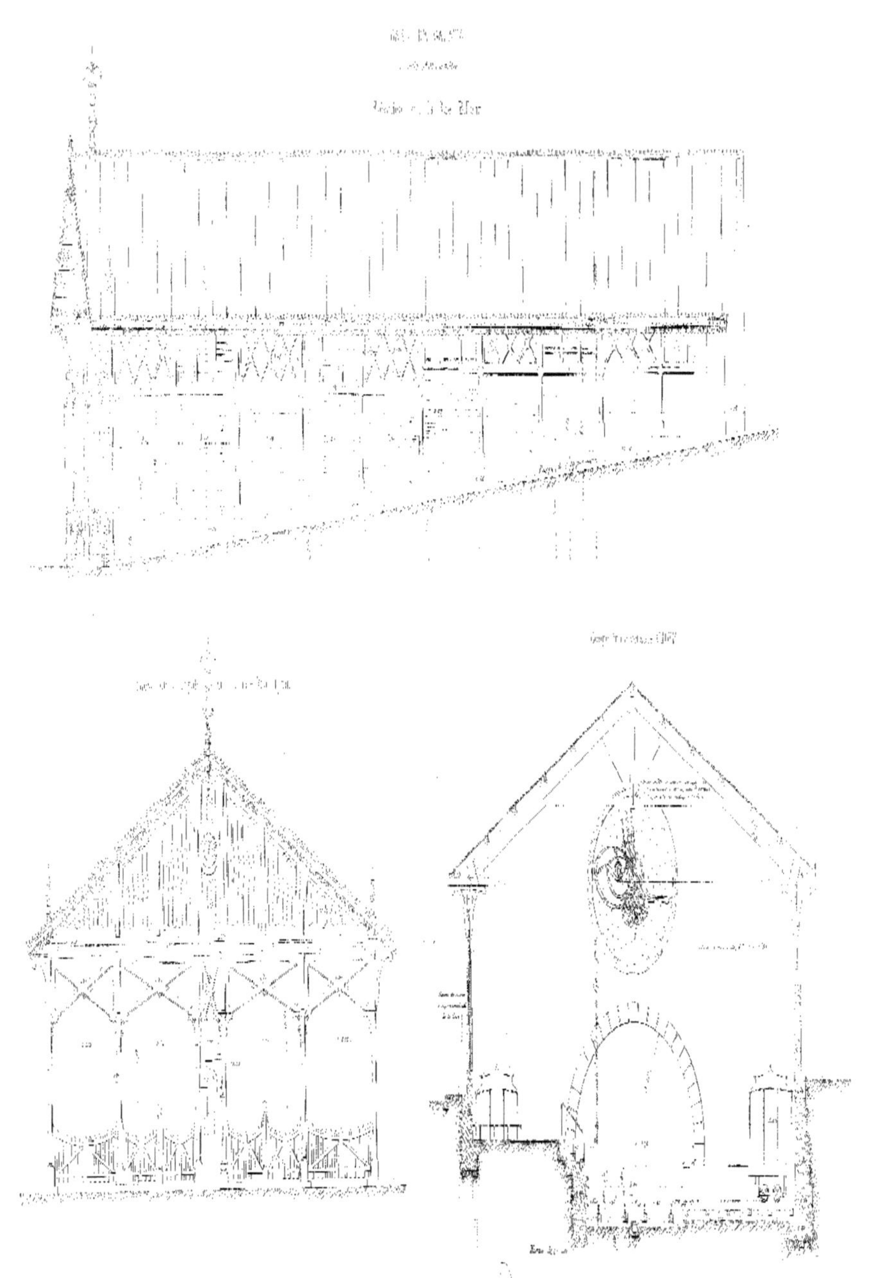

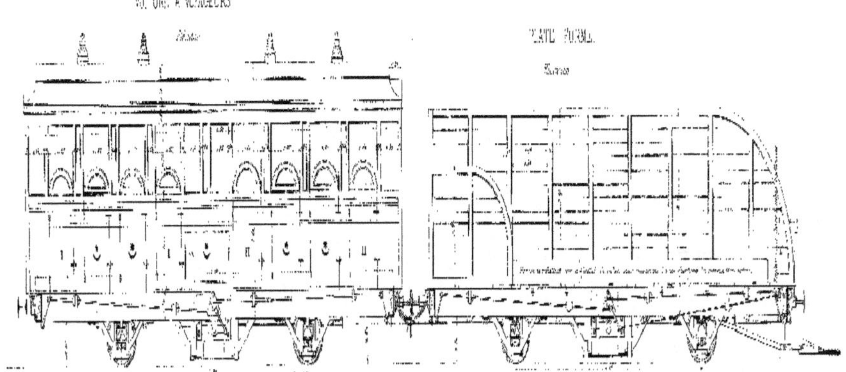
MATÉRIEL ROULANT
VOITURE A VOYAGEURS
PLATE FORME

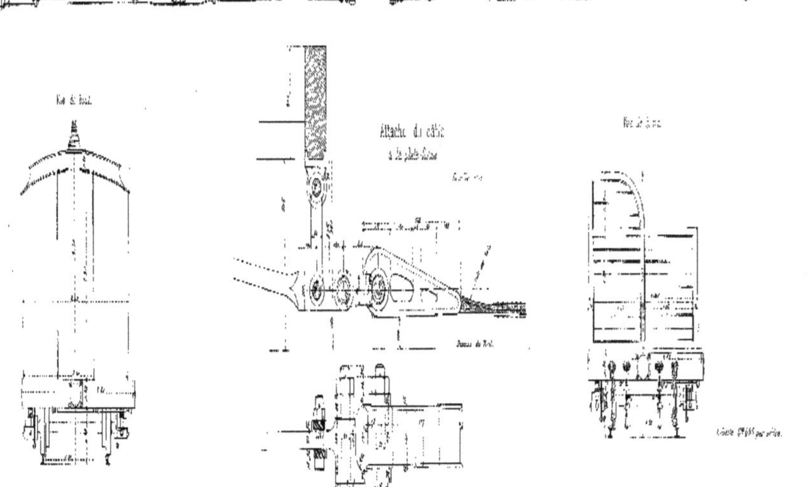
Attache du câble
à la plate-forme

FREINS A BANDES ET A MACHOIRES.

Élévation et Coupe longitudinales.

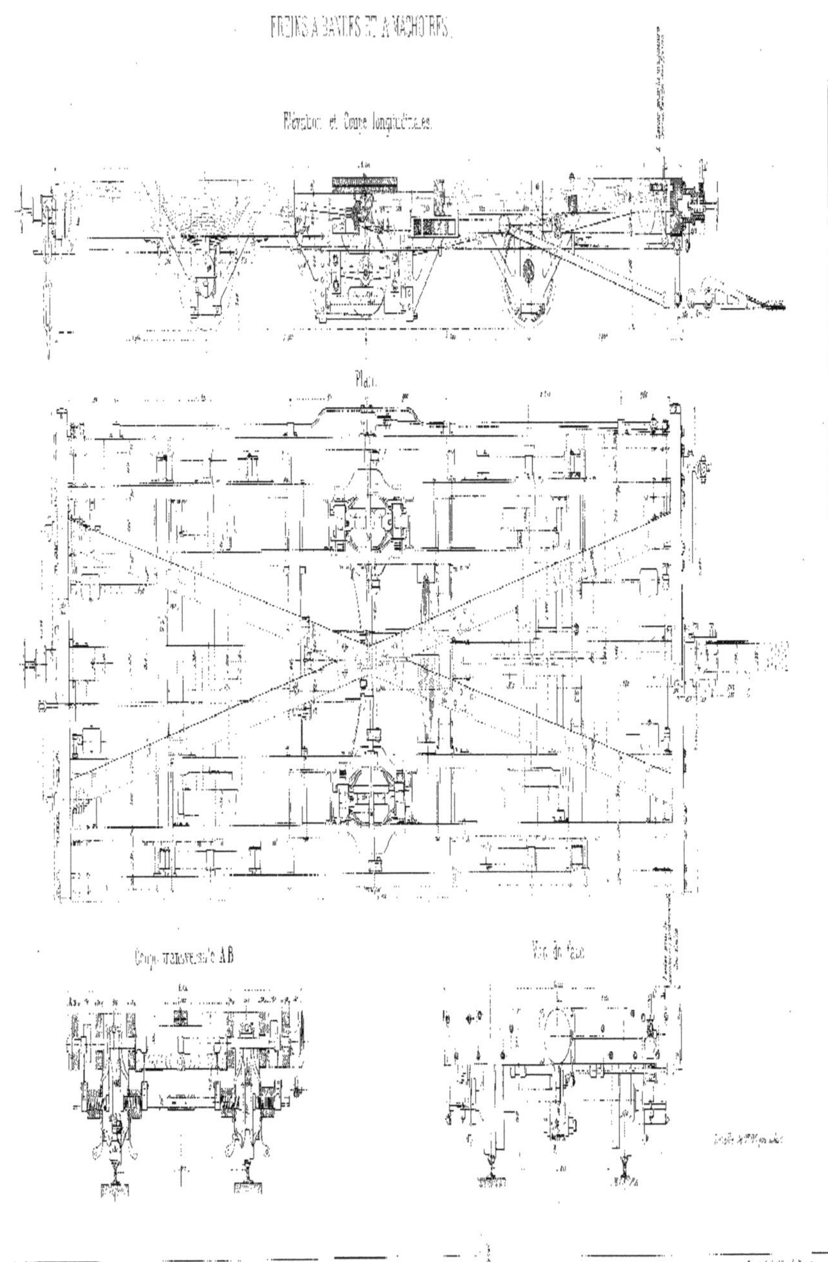

DÉTAILS DE CONSTRUCTION

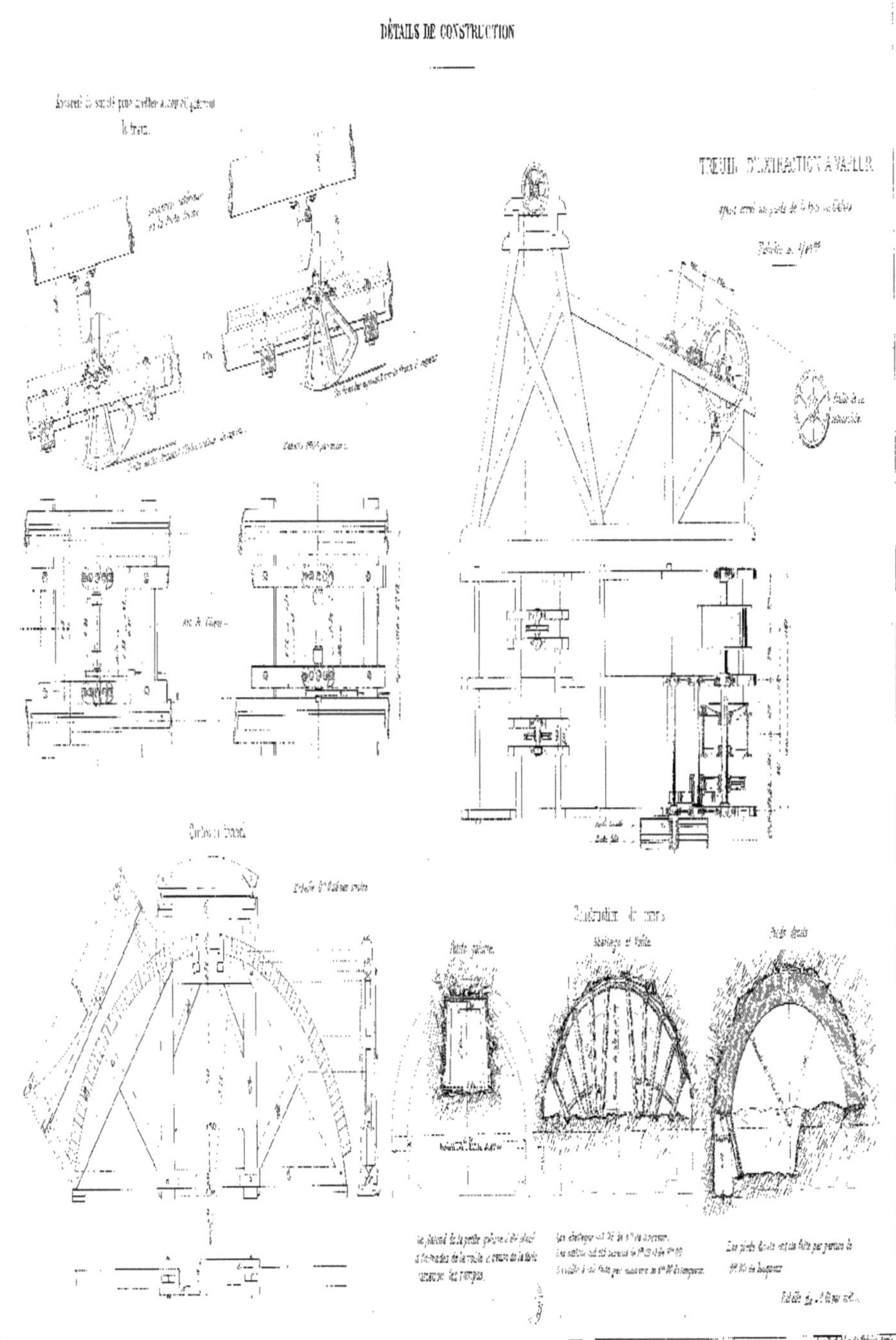